高校创新创业教育经验借鉴与创新发展

李常 / 著

北京工业大学出版社

图书在版编目（CIP）数据

高校创新创业教育经验借鉴与创新发展 / 李常著 . — 北京 ：北京工业大学出版社，2025.7重印
ISBN 978-7-5639-7090-2

Ⅰ. ①高… Ⅱ. ①李… Ⅲ. ①高等学校－创造教育－研究－中国 Ⅳ. ①G640

中国版本图书馆 CIP 数据核字（2019）第 236217 号

高校创新创业教育经验借鉴与创新发展

著　　者：李　常
责任编辑：张　娇
封面设计：点墨轩阁
出版发行：北京工业大学出版社
（北京市朝阳区平乐园 100 号　邮编：100124）
010-67391722（传真）　bgdcbs@sina.com
经销单位：全国各地新华书店
承印单位：三河市元兴印务有限公司
开　　本：710 毫米 ×1000 毫米　1/16
印　　张：11
字　　数：220 千字
版　　次：2021 年 10 月第 1 版
印　　次：2025 年 7 月第 4 次印刷
标准书号：ISBN 978-7-5639-7090-2
定　　价：45.00 元

前　言

21 世纪，科学技术迅猛发展，全球化进程加快，人们更加重视对学生创新思维与创造能力的培养，创新创业教育也成为教育体系中的重要组成部分。创新创业教育既是提升大学生创新创业能力的抓手，也是推进社会发展进步的重要动力源泉。以美国、德国、日本为首的发达国家在创新创业教育方面形成了较为成熟的创新创业教育模式，并积累了大量的先进经验。本书通过对比分析欧美与亚洲等发达国家在大学生创新创业教育上的模式和经验，针对我国高校创新创业教育存在的问题，在借鉴发达国家创新创业教育经验的基础上，提出了推动我国高校创新创业教育发展的对策。

本书第一章为绪论，主要阐述了创新的概念、创业的概念、创新创业的时代背景、创新创业的时代意义、创新创业与个人发展以及创新创业的政策环境等内容；第二章为创新创业教育的理论基础，主要阐述了创新创业教育的内涵、创新创业教育理论、创新创业教育之间的契合关系以及创新创业与职业教育等内容；第三章为我国高校创新创业教育的现状分析，主要阐述了我国高校创新创业教育的发展现状、我国高校创新创业教育的典型模式以及我国高校创新创业教育的未来发展等内容；第四章为国外高校创新创业教育的经验借鉴，主要阐述了美国高校创新创业教育的经验借鉴、英国高校创新创业教育的经验借鉴、澳大利亚高校创新创业教育的经验借鉴、日本高校创新创业教育的经验借鉴、新加坡高校创新创业教育的经验借鉴以及国外高校创新创业教育的经验总结等内容；第五章为高校创新创业教育与人才培养，主要阐述了高校创新创业教育人才培养现状与影响因素分析和高校创新创业教育人才培养的模式创新等内容；第六章为高校创新创业教育的课程体系建设，主要阐述了高校创新创业教育的实施途径、高校创新创业教育课程体系建设的理论基础以及高校创新创业教育课程体系的构建等内容；第七章为校企协同的高校创新创业教育模式构建，主要阐述了校企协同的高校创新创业模式的设计、校企协同的高校创新创业模式的构建与实施以及校企协同的高校创新创业模式的课堂协作构建等内容；第

八章为高校创新创业教育的质量监控与体系构建，主要阐述了高校创新创业教育质量监控中存在的问题、高校创新创业教育质量监控体系的构建以及高校创新创业教育质量监控体系的运行等内容。

为了确保研究内容的丰富性和多样性，作者在写作过程中参考了大量理论与研究文献，在此向涉及的专家学者们表示衷心的感谢。最后，限于作者水平，加之时间仓促，本书难免存在一些疏漏，在此，恳请同行专家和读者朋友批评指正！

目录

第一章　绪论

如今，我们所处时代的一个重要特征便是创新驱动发展、创业焕发勃勃生机。为了推动经济与社会发展，必须要重视创新与创业。创新创业活动以及创新创业教育可以推动创新创业人才的培养，这对于经济发展而言具有十分重要的时代意义。本章分为创新的概念、创业的概念、创新创业的时代背景、创新创业的时代意义、创新创业与个人发展、创新创业的政策环境六部分。主要内容包括：创新和创业的内涵与分类、创新创业的时代背景与时代意义、创新创业与个人发展的关系等。

第一节　创新的概念

一、创新与创新思维

（一）创新的内涵

在当代经济学中，创新是一个重要的概念且内涵丰富。对于创新而言，主要是指基于现有的思维模式，提出一种与众不同的见解，然后以此为导向，在相应的环境中，利用一定的物质或者知识对新的环境、事物、方法等进行改进或创造，以此来获取收益的行为，尤其要注意的是这类活动以理想化需求或社会需求为出发点。当前，创新被认为是世界进步、社会发展的重要动力。源于拉丁语的英文中的创新有三层原意，分别是更新、改变以及创造新的东西。早在 20 世纪初，美籍奥地利经济学家约瑟夫·阿罗斯·熊彼特就在德文版的《经济发展理论》一书中首先使用“创新”一词。他认为创新就是新的生产函数的建立，也就是对于生产要素，企业家实行“新组合”，并将其引入生产。这种函数组合主要包括了五种情况，即生产新产品、采用新的生产方法、开拓新市场、

开辟和利用原材料、新的供应来源和实现企业新组织。人们进行创新的最主要的原因就是受到利润动机与前景的驱使。

从经济学的角度进行分析可以发现，创新主要有两点基本含义，分别是引入与革新。具体而言就是：创新是指新的生产要素的重新组合或再次发现的知识被引入经济系统的过程。由此可以判断，创造与创新并不能画等号，只有在经济系统中引入一定的创造成果并且产生一定效益才属于创新。

在英文中，创新和创造是两个不同的概念。而对于经济领域的创新概念而言，它经过不断的拓展和延伸，已经逐渐发展到了其他领域，如政治、管理、文化等。

人们基于熊彼特的创新概念逐渐演变出了一系列新的概念，包括技术创新、营销创新、金融创新等，并且将企业创新活动上升到了国家的高度，即将微观创新活动上升到了宏观层次，进一步提出国家创新体系的概念。

另外，从社会学的角度进行分析，可以认为创新是指人们为了满足自身的发展需要，使用现有的知识和相关条件，突破常规，发现新思想、创造新事物的活动。从本质上看，创新就是一种突破，也就是突破旧的思维定式和常规戒律。对于创新活动而言，其核心就是“新”，主要的活动内容就是变革产品的性能和结构、创造新的表现形式和手段、不断完善相关内容。

（二）创新思维的内涵

总的来讲，创新思维就是一种思维过程，在此过程中，人们会使用新颖独创的方法来解决相应的问题。合理地运用这种思维，可以使人们突破常规思维的界限，思考问题的角度也会变得更加新颖，然后在此基础上得到别具一格的解决方案以及具有社会意义的思维成果。创新思维作为一种思维活动具有重要的开创意义，可以开拓出人类认识的新领域和新成果。通常情况下，它表现在新技术的发明、新观念的形成、新方案和决策的提出以及新理论的创建这四个方面。从广义上看，创造性思维在新的发现和发明以及思考的方法和技巧上都有所体现。

思路决定出路，创新思维是创造力发挥的前提，也是一个人、一个单位、一个地区、一个国家竞争的法宝。现在的社会比较突出了竞争，参与竞争就要靠点子、靠思路、靠特色、靠创新。因此，创新思维对培养高素质的人才非常重要。创新是开放性的，并不局限于发明全新的东西，旧的东西以新的形式出现或以新的方式结合也是创新。

二、创新的特征

（一）首创性

首创性即“第一次”，是历史上从未有过的，是“无中生有”或者是“有中生新”。新的变动、新的结合、新的改进等都是创新。创新可以是完全新，也可以是部分新，只要是对旧事物的突破，有所超越、有所改进、与别人的有所不同就是创新。

（二）时效性

创新作为一种活动，在思想、理论、技术形成或产品投放市场后，经过一定时间又会被更新的东西替代，这种替代使得创新具有时效性。正因为创新具有时效性，所以我们在开展探索性教学或者进行科学研究时，必须探索其所处的阶段，并对发展前景进行预测。

（三）成果性

成果性是指创新必须以新的成果体现，不管是物质的还是精神的，是实物还是制度，都需要一个载体，将这种创新性展现出来。在创新的过程中可能会失败，失败不是创新，只是创新的一个阶段或者环节，并且是不可避免的。成果性最终是以某种载体的形式表现出来的。

（四）价值性

价值性体现在创新成果产生的社会效益和经济效益上，其价值标准是社会性的，以不损害社会利益为前提。与之相反，那些损害社会利益的活动，即使是首创，也绝不是创新。

（五）综合性

从创新活动的过程看，创新是许多人共同努力的结果，即多人投入的产出活动，它既需要技术人员的理论知识和技术，又需要生产者和管理者的共同联合、协作才能达到预期的目标。因此，创新活动是一项综合性的活动。

三、创新的基本类型

（一）根据创新成果的首创性划分

这是最常见的划分创新的方法，这种方法将创新划分为原始创新、集成创

新与消化吸收再创新三大类型。原始创新属于重大技术领域从无到有的开拓，其本质属性是原创性和第一性。集成创新是指创新过程中应用到的所有单项技术都不是原创的，其创新之处在于对这些已经存在的单项技术按照自己的需要进行系统集成，并创造出全新的产品或工艺。对于创新而言，最常见、最基本的形式就是消化吸收再创新，这也是产品价值链中某个或者某些重要环节的重大创新。

（二）根据创新成果的影响划分

这种方法可将创新划分为绝对创新与相对创新。绝对创新是在全世界范围内实现首创的创新，相对创新是未在全世界范围内实现首创的创新。绝对创新与相对创新有一个范围的约定条件。

（三）根据创新成果的自主知识产权划分

这种方法可将创新划分为自主创新与模仿创新。自主创新是自己创造出来的有自主知识产权的创新。模仿创新是指通过模仿率先创新者的创新构想、创新行为和创新成果而进行的创新。

（四）根据创新活动的领域划分

按照这种方法对创新进行划分，可以将其分为科技创新、制度创新、文化创新、教育创新、理论创新、营销创新、商业模式创新等。

第二节　创业的概念

一、创业的内涵

在过去很长的一段时间里，各国学者都非常关注创业研究，并且得到了很多研究成果，但这些研究通常只集中在创业的某个方面，如创业资源、创业环境、创业政策等，所以该领域的学者至今仍未能清楚地界定创业的内涵和范围等。实际上，创业是一个涉及多层次、多学科的社会现象，具有一定的复杂性，其研究的学科也有很多，包括心理学、经济学等。

总的来讲，创业指的是企业家不断发现商业机会，采取行动将机会变为市场价值的过程。在此过程中，对创业者提出了一定的要求，即要求其具备相应的创业精神，而展现创业精神的特定工具正是创新。被誉为“创新理论”鼻祖的熊彼特认为创业是引入一种新产品，采用一种新方法，开辟一个新市场，获得一种新原料，采用一种新组织形式。

创业的内涵可分为狭义和广义两种。

①狭义的创业：创建新企业，即创业者通过对市场的调研、分析，及时识别与把握创业机会，通过努力筹集并配置资源，创建新的企业，并将自己的产品与服务推向市场，从而最终创造价值的一系列活动或行为过程。简单地说，创业是不拘泥于当前资源约束，寻求机会，进行价值创造的行为过程，即所谓的“创办自己的企业”“自己当老板”。

②广义的创业：所有具有开拓性和创新性特征的、能够增进经济价值或社会价值的活动。所有创造新事业的过程都是创业，无论是创建新企业、企业内部创业，还是在职业生涯中开创一番新事业实现自己的价值和抱负，甚至是人类一切具有重大开拓意义的社会变革活动，都可以称为创业。

二、创业的特征

（一）价值导向

创业能够创造出某种有价值的新事物。创造的新事物是社会需要的某种产品或服务以及承载、运作它们所必需的组织实体——企业。价值创造是创业活动的目的，创业过程中所体现出来的相关特征都是由新价值创造这一过程派生出来的。

（二）机会导向

创业活动实质上就是识别机会、开发和利用机会并实现机会价值的过程。商业机会是指没有被满足的市场需求，是市场中现有企业留下的市场空缺或待开发的、有前景的市场，通俗地说就是所谓的市场“痛点”。机会的识别与把握是创业过程的起点，创业者必须具备敏锐的直觉和判断力，及时捕捉并利用商业机会，将商业机会转化为机会价值。

（三）风险承担

创业往往具有不确定性和未知性的特征，这就使得创业必然存在着风险。创业者应该有承担风险去开创事业、整合资源以降低风险、采取有效的手段处置和规避风险的心理准备。创业过程的复杂性决定了创业是一种具有风险性的事业。

（四）创新性

创新是企业的活力和源泉，也是创业发展的内在推动力，创业过程是一个实现创新的过程。创业企业的创新不仅包括技术创新，还包括管理创新、产品创新等。创新是创业持久成功的必备条件，是创业的本质属性。

（五）财富获取

所有的创业活动都期待获取收益回报，对于创业者乃至旁观者，他们常常把金钱的回报视为成功的标志。创业者为社会中的部分群体和个人创造了价值，对社会产生了推动和影响，并获取了相应回报。

三、创业的要素

迄今为止，人们对创业要素的认知和分析，最为典型和公认的创业要素模型就是蒂蒙斯模型。在这一模型中，包括创业机会、创业资源、创业者及其创业团队这三个创业的关键要素。一般认为，在创业活动中，这三个核心要素是十分重要且缺一不可的。若是缺少机会，创业就成了盲目且被动的活动，很难创造出真正的价值。另外，可以说机会是普遍存在的，但最关键的还是看创业者及其创业团队能否做到机会的有效识别和开发，如果没有创业者及其创业团队的主观努力，创业活动是不可能发生的；在把握住恰当机会的基础上，充足的资金和设备等资源也是必不可少的。如果缺少必要的资源，就很难做到有效地开发和实现创业机会了。

蒂蒙斯模型具有动态性的特征，认为创业过程实际上是三个因素之间相互作用、由不平衡向平衡方向发展的过程。随着创业过程的展开，其重点也相应发生变化，创业要将机会、创业者及其创业团队、资源三者做出动态的调整。因此，该模型还要求三要素之间的匹配和平衡。因此，创业现象也被认为是创业者、机会和资源三者之间的有效链接。其中，创业者是创业的核心，是使机会识别利用与资源获取组合得以实现的驱动者。

四、创业的类型

从创业的动机、主体性质以及创业项目等角度进行考虑，可以对创业类型做出如下分类。

（一）按创业的动机进行分类

①生存型创业。生存型创业是提供家庭收入的生活型企业，是指创业者迫于生存压力，为了谋生不得不或不完全自觉地走上创业道路，比较典型的是开夫妻店，这种创业较为缺乏长期的目标和强烈的创业主观愿望，较少创造出新的需求。

②机会型创业。机会型创业的出发点并非为了谋生，它是指创业者为了抓住现有机会，以实现价值创造而选择自主创业的行为。由于有着强烈的创业意愿，所以创业者敢于开拓新市场、创造新需求。这类企业一般市场广、成长快、前景好、利润高。

（二）按创业主体的性质分类

①个人独立创业。创业者个人或相应的创业团队，独立地完成企业创建的活动，就是所谓的个人独立创业。如今，科学技术不断发展进步，技术周期也在不断缩短，在这样的背景下，一个人完全可以在一生中经历技术创新成果商业化的整个过程，所以说个人独立创业作为一种社会现象就变得十分普遍了。另外，有些企业是借助于工艺创新等非技术创新手段创建起来的；还有一些“创业家”通过购买专利的方式直接完成企业的创建。

②公司附属创业。这种创业方式则是指由一家已经相对成熟的公司重新创建一家新的附属企业。这一创业的主要动力来源有三个方面，分别为：一是通过创建一家具有更高效率的附属新企业，构建新的经营与销售模式，促进创新产品的商业化；二是通过创建新企业，建立起相应的窗口以实现对市场需求的快速反应，由此使公司的总体创新活力保持在一定的水平；三是借助于新企业创建所表现出来的成长性，吸引社会资本的投资。这三大动力发挥着重要的推动作用，因此在现代创业经济中公司附属创业的发展前景非常可观。

③公司内部创业。公司内部创业通常是指由一些具有创业愿望的员工发起，在组织的支持下，由员工与企业共担风险、共享创业成果的一种创业形式。其主要目的是在现有公司的内部注入企业家精神，激励员工在做事方面以企业家为标准并向其靠拢，推动内部企业家的培养，为员工营造更大的发展空间和市场潜力，从而有利于留住优秀员工，推动企业的不断创新和可持续发展。

（三）按创业项目分类

①传统技能型创业。传统技能型创业是指使用传统技术、工艺进行创业。

②高新技术型创业。高新技术型创业是指采用知识经济、高技术、知识密

集型产业项目进行创业，高新技术型创业多带有前沿性。

③知识服务型创业。知识服务型创业是以各类知识咨询服务的方式进行创业的，如律师事务所、会计师事务所、顾问（咨询）公司、广告公司等，相对来说投资少、见效快和周期短。

（四）按创业企业性质划分

①营利性组织创业。营利性组织是我们通常理解的创业，其目标是获得企业利润，追求企业利润最大化，强调通过创业活动将资本转化和扩大，从而实现资本的增值。创业活动资本增值主要是通过盈利积累实现的，在价值最大化目标下，资本价值可以通过股权退出，特别是通过上市获得价值变现。

②社会性企业（组织）创业。社会性企业是以企业化运营的非营利组织，是处于企业与非营利组织之间的中间形态组织。有一些商业性企业的经营目标就是实现社会责任最大化，而利润目标变成了它的约束，只要达到维持盈亏平衡就可以满足其创业要求。比如，以环保为目标的企业进行的废旧物回收，可以让其获得收益，但这些收益只是为了实现补偿费用支出，它们的真正目标是改善环境。

③非营利性机构创业。非营利性机构，如学校、慈善基金、医院、教会、寺庙、文化馆、美术馆、体育馆等，这些机构具有共同的特征：不以营利为目标，机构资金来源于捐赠。

五、创业的过程与阶段

创业，需要经历一个从无到有，创建自己的事业的过程。在此期间，从产生创业想法到设立新创企业并获取回报，涉及甄选商机、组建团队、寻求融资、市场调研、周密计划、工商注册、经营管理等环节。具体来说，主要经历以下六个阶段。

（一）产生创业动机

个人是否能成为创业者，直接受三方面因素的影响。一是个人特质。每个人都具有创业精神，但其强度不同，如温州人有强烈的创业动力，其中环境起到了很大作用。二是创业机会。逐渐增多的创业机会可以使巨大的利益驱动得以形成，推动更多的人加入创业的浪潮中去。三是创业的机会成本。如今，社会保障体系逐渐建立和完善起来，产权制度也经历了深刻的变革，原有体制差别所造成的特殊利益不断减少，在这样的背景下，创业成本在逐渐降低，同时人们的创业动机也得到了激发。

因此，创业活动首先取决于个人是否愿意并决心创业，有了创业动机才有可能成为一名创业者。有强烈创业动机的个体可以把那些最微不足道、最平凡的事情和条件转变成一个弥足珍贵的机会。他们脑子里装满了各种梦想，或者说他们代表的是一种潜在的力量。他们用想象照亮未来，就像化学里的催化剂一样，促使各种变化的发生。当他们将种种“假设”和“如果”付诸实践的时候，他们就会变成世界上最快乐的人。

（二）识别创业机会

任何重要的行动都来自某种想法，创业活动更不例外。对于创业过程而言，识别创业机会既是其核心，也是其中最关键、最困难、最无规律可遵循的一个环节。机会识别既包括发现机会，又包括评估机会。人们常常会有灵光乍现的创业想法，但最后能真正实施的却不多。如何对每个被发现的机会进行评估，评估其可能带来的回报和风险，并结合自身能力和资源以及拥有的情况来判断机会的价值是至关重要的。

一般来讲，对于某些具有创业动机的个体而言，他们在获取初始创意的时候就已经开始了机会识别。维斯珀（Vesper）对创意的来源进行了区分，将其分为两种，分别是意外发现和经过深思熟虑的发现。他发现很多的创意都是靠碰运气且从职业中产生的。

（三）整合资源

整合资源是创业者开发创业机会的重要手段。创业者大多是白手起家，资源匮乏，这在创业初期特别明显。创业者就是要最大化地整合外部资源，控制并高效地使用资源。可以说，对于创业活动而言，其中的一个显著特点就是在资源高度约束的情况下开展商业活动。资源基础理论也将企业概念转化为一系列资源的集合体。

在此阶段，首先，应整合人力资源，组建优秀团队；其次，要整合资金资源，多渠道创业融资；再次，整合经营管理资源，设计切实可行的商业模式；最后，整合产品销售市场资源，实现自己的创业目标。

（四）创建新企业

作为创业者，要成立一家企业，弄清楚有关企业的一些基本知识是非常有必要的。如企业的基本内涵是什么、为何要成立企业、何时适合成立企业、企业成立的标志是什么。只有清楚了解这些有关企业的基本内容，进入企业成立

的实质阶段才更有意义。

新企业（或创业企业）是指创业者利用商业机会并通过整合资源所创建的一个新的具有法人资格的实体。它能够提供产品或服务，并处于自成立后至成熟前的早期成长阶段。新企业成立意味着以组织身份参与市场活动并开始实现创业机会价值。首先，必须选择合适的组织架构，完成公司的制度设计；其次，要做好经营地址的选择；再次，要了解创业的相关法律，如专利法、商标法、合同法以及工商法、税法等法律法规，了解经营管理的相关知识；最后，选择公司名称，完成企业注册登记，正式建立公司。

（五）提供市场价值

创业者识别机会、整合资源、创建新企业等都是为了实现自己的创业目标，但真正能促成创业目标最终实现的是创业者能够提供相应的市场价值。这是创业过程中的重要环节，关系新企业的生存与成长。因此，创业者必须面对挑战，采取有效措施，使创业的市场价值得到充分涌流和实现，不断地让客户收益，从而获得企业的长期利润，逐步把企业做活、做好、做大、做强。

（六）收获创业回报

收获回报是创业活动的主要目的，对回报的获取有助于促进创业者的事业发展。回报可能是多种多样的，而创业者的创业动机将会在很大程度上决定其对于回报的满意程度。调查发现，当创业者的创业动机有所不同时，他对收获创业回报的态度和想法也会有所不同。对多数年轻创业者来说，获取回报最为理想的途径之一，是把自己创建的企业尽快发展成为一家快速成长的企业，并成功上市。

根据相关的创业过程分析和创业实践案例研究可以归纳出：全过程的创业主要分为四个阶段，即机会识别、资源整合、创办新企业、新企业生存和成长。此外，从公司发展的性质角度进行分析，可以将创业的全过程划分为四个基本阶段，具体如下。

第一阶段，生存阶段。使用相应的产品、技术和服务来实现占领市场的目的，其中最重要的一点就是有想法、会销售。

第二阶段，公司化阶段。以规范管理来增加企业效益，这需要创业者提高思维层次，从基本想法提升到企业战略思考的高度。

第三阶段，集团化阶段。以产业化的核心竞争力为硬实力，依靠一个个团队的合作，完成子公司和整个集团的系统平台的构建，借助这一平台完成相应的管理工作，把销售变成营销，把区域性渠道变成地区性网络。

第四阶段，总部阶段。以一种无国界的经营方式构建集团总部，依靠一种可跨越行业边界的无边界核心竞争力，让企业发展达到最高层级。

六、创新与创业的关系

二者的联系主要体现在以下几个方面。

①创新是创业的源泉和本质。创业是开拓创新的事业，提供满足消费者的物品或某种服务。想要在同类产品中脱颖而出就需要将新的理念、新的技术应用到新的产品之中。创业者需要源源不断的创新思维和创新意识，将富有创意的想法有效地融入市场，开创出新的模式、新的思路，进而创业成功。

②在创业中，创新的价值得到了充分的体现。创新在于潜在知识的应用、新技术的应用以及新服务的应用等，需要一定的载体或形式体现出来，创业可以将创新成果转化为社会产品服务大众，实现创新价值的市场化，而不只是在书本上说说。

③创业推动并深化创新。对于新的发明、产品或服务的出现，创业发挥着不可替代的推动作用，创业者为了在创业浪潮中生存下来，又需要在某一方面满足社会新的需求，从而进一步推动和深化创新。

④创业是一个从无到有的创新过程。其核心是通过市场途径推出新的成果和产品，正因如此，创业体现着创新的特质。

⑤创业是一种社会实践活动，具有推陈出新的特征。所有的创业活动都具有一个共同的特征，那就是创业离不开开创性或改良型的实践。创业的一个具体表征就是新创企业不断地以生产出新的产品和服务的方式取代某些相对落后的产品和服务。

⑥创业是主体高度自觉和自主的行为。在创业实践的过程中，创业者的主观能动性需要得到最充分的调动，主体的创新素养和能力等也会同时得到显著提升。

总而言之，创新和创业是相互联系和依存的。只有坚持创新，才能与时俱进；只有坚持创业，才能改变面貌，壮大经济。只讲创业不讲创新，可能是鲁莽草率，盲人瞎马地乱闯，违背科学的发展观；只唱创新的高调，好高骛远，而不扎扎实实艰苦创业、付诸实践，最终只能坐而论道，失去根基。所以，在企业中，要重视创新的基础性作用，只有这样才可以实现企业的长期发展。同样，大学生在创业时要具备一定的创新意识和创新思维，这有助于其创业成功。

对于创业者而言，实现创业的核心就是创新，而作为其内在品质的创业精神也是创新的一种具体表现。

七、大学生创业的行业领域

大学生作为一个概括名词，其创业领域跟其所学专业有一定联系，较为常见的有科学技术、智力服务等。按照创业方式来分类，又可分为连锁加盟和自主开店等。

（一）科学技术领域

大学生作为接受高等教育的群体，其能够接触科学技术前沿领域和先进思想，在科学技术领域的创业也具有一定的优势。但由于科学技术领域创业对大学生自身专业技能素质的要求较高，这是进入该领域创业的一个门槛。有技术优势的大学生可以积极规划，参加相应的大赛。

（二）智力服务领域

智力服务是一个较为传统的大学生创业领域，指的是大学生利用自身掌握的知识技能，为需求者提供如翻译、家教服务、设计等方面的服务。智力服务领域的创业由来已久，门槛较低，常作为大学生勤工俭学的方式，这为大学生之后的创业积累了一定的资源。同时，大学生从事相应创业能够具有天然的智力集群优势，如其同学、老师都可作为其资源，有利于其创业发展。

（三）连锁加盟

连锁加盟创业一般是指大学生通过资金投入获得原服务商的品牌使用授权、技术支持、管理培训以及推广服务的创业方式，这对于大学生在技术、管理运营经验、资金等方面存在的劣势有一定的弥补作用，可降低创业的困难。但由于连锁加盟已成为一个较为普遍的运营方式，因此，如何从海量的品牌和实体中选择出质量较好的加盟项目是大学生应当考虑的，需要对加盟项目进行一个详细考察，以避免盲目创业导致后期经营风险。一般常见的加盟领域有快餐、零食等。

（四）自主开店

自主开店是现在校园中较为常见的一种创业方式，主要是由于能够利用高校校园资源，同时由于同龄和生活范围有一致性，对消费者的喜好有一定的把握。主要以具有文化气息的咖啡屋、读书屋、自修室等为主，但学校规划一般不会允许开设在学生主要的活动区域，如教室和寝室附近，一般在食堂、田径场附近，需要利用校园社联和学生会进行推广，扩大在学生中的知名度。

第三节　创新创业的时代背景

一、互联网与创业

（一）世界经济步入大数据时代

2012 年开始，大数据以及大数据时代等概念逐渐出现并开始渗透到人们的生活中，这作为一个重要的经济话题受到了广泛的关注。

如今，互联网不断发展，云计算已经产生，庞大的数据随之渗透到世界的各个行业和领域，成为关键的生产要素之一，这就是所谓的大数据时代。可以说大数据时代给创业带来了巨大的影响，主要体现在以下几个方面。

首先，对于创业而言，一个重要的领域就是数据的挖掘和应用。举个例子来说，在经营天猫等网络交易平台以及支持企业完成网上交易的过程中，阿里巴巴集团积累了许多的消费者信息数据，而它的新型商业领域就包括了对这些数据进行相应的挖掘。为此，在 2012 年 7 月，该集团设立的首席数据官担负起了推进数据平台分享战略的重任。

其次，对于创业企业而言，获得核心竞争优势的一个重要内容就是重视商业数据的积累。当前社会的一个重要的生产要素就是数据，这就使得很多的经济规律都体现在颇具规模的商业数据中，若是不了解和掌握相应的数据，就很难获得核心的技术与知识，进而缺乏核心的竞争优势。

（二）互联网成为创业国际环境中的物理支撑

在近 20 年里，网络逐渐被推广并且应用于社会的各个领域，这极大地影响了人类社会的生产生活方式；同时，移动互联网也迅速发展起来，网络化随之向经济领域不断拓展，在这样的情况下，网络化逐渐成了创业的影响因素之一。

首先，在实体经济领域里，网络有了相应的拓展性应用，这对于当今的创业而言是一个重要的领域。这一点不仅在众所周知的网络销售和网络书店等业务上有所体现，而且还表现为部分传统服务领域借助网络的力量实现了相应的发展和转换升级。

其次，不断升级和发展的网络技术使得更多新的创业空间开辟出来，可以预见到在当代的创业国际环境中，互联网将成为其重要的物理支撑，发达的网络将会推动企业的发展以及创业的成功。

二、消费群体的个性需求

在现代社会中，消费的主力军是作为社会中坚力量的“80后”以及初入社会工作的“90后”。世界范围内的所有零售商都在不断地研究和揣摩这些年轻人的消费习惯以及个性特征，并希望借此来赢得年轻一代的消费市场，推动自身的零售市场的发展，获取更大的利润。

在现在的年轻一代中，大部分人都不会花费时间去商场购物，因为在他们看来，去那些大且无聊的商场闲逛是一件浪费时间的事。在这样的情况下，商场必须要做出一定的改变，可以提供个性化的服务以增强购物的趣味性，只有这样才能更好地吸引年轻一代的消费者前来选购。

现在的年轻人与老一代的消费者相比在对待品牌这方面往往具有更高的道德标准。一般来讲，他们是否购买品牌商的商品取决于这家店的社会表现。根据有关调查可以发现，在年轻一代中，有32%的人不会接受和购买社会表现不好的品牌商的商品。对于零售商和品牌商而言，这属于全新的机遇和挑战。

在各大媒体中，“血汗工厂”一词不断涌现，其中被指责为“血汗工厂”的包括富士康、格力、耐克等。这充分说明了一个事实，即更多的消费者在关注商品本身的同时也有了更强的社会责任感。因此，各个品牌商和零售商要在取悦消费者的同时做到将自己的社会责任意识展示给消费者，推动自身良好品牌形象的树立。它们通过注重代言明星口碑、积极参加灾难救援等方式，在承担相应的社会责任的同时推动自身良好品牌形象的树立。

对于未来的创业领域而言，其中的一个重点战略就是了解和满足年轻一代的消费需求。可以说，这一消费群体的钱既好赚又难赚，关键在于是否真正理解他们。在交易方式上，零售商可以提供钱货交易和物物交易两种方式，以此来满足消费者的个性化需求。

三、建设创新型国家

对于建设创新型国家而言，其核心是自主创新能力的提升，其中最关键的就是创新型人才的培养。创新型人才主要包括技术创新型人才、知识创新型人才、产品创新型人才、制度创新型人才以及管理创新型人才。当前，社会竞争愈发激烈，在这样的背景下，无论是何种创新型人才，都会对我国的经济发展和创新能力的提升起到良好的推动作用。而创新人才的核心则是创新的精神和能力。

在我国建设创新型国家的体系中，高等学校是不可替代的重要组成部分，它在创新型人才培养方面发挥着重要的作用。推动创新创业教育不断发展，培养出国家与社会需要的高素质人才以及推动创新的践行者和引领者，促使现代大学生具有相应的创新精神和能力以推动国家的知识、技术、制度和管理不断创新，从而提供相应的智力和人才的支持，推动创新型国家建设，这就是现代化高等学校的战略性任务。在智力开发方面，要开展恰当的创新创业活动，推动创新创业教育发展，使得大学生的创新创业的能力和素质进一步提高。

第四节 创新创业的时代意义

一、创新创业活动的时代意义

如今，经济发展速度不断加快，在这样的时代背景下，创新创业无疑成了时代主题，尤其是互联网经济的快速发展以及各类商业模式与理念的不断涌现，使得创新创业成了经济发展的重要动力。

（一）我国经济结构转型的推动力量

有效创业数量的逐渐增多，使得中小型企业的数量也随之上涨，进而影响到了中小型企业发展的转型升级，即其转变为大中型企业的数量也随之上涨了。现在的社会需求往往具有多样性和特殊性的特征，而不断增长的创新创业能够使这一需求得到满足，同时，随着创新创业的增多，产业分工得到了进一步的深化，经济衰退也得到了有效的缓解，与垄断相关的各种弊端也得以消除了。在推动经济发展与建设的基础上，创新创业还会对经济结构和社会的运行模式产生一定的影响，可以促使其趋向合理化且得到进一步的提高。

作为经济机体的生长机制之一，创业活动能够借助新的微观细胞的生长和发展为相应的宏观系统的结构演变奠定坚实的基础。在该活动的引领和带动下，各个中小企业可以对经济和社会机体的代谢产生一定的影响，使其处于充分竞争的适宜的环境下，这不仅有利于垄断性弊端及停滞趋势的克服，而且可以为

各项问题的解决打下良好基础。这些问题包括收入差距过大、小微企业融资困难等。

（二）推动就业和社会发展的有效手段

对于世界上的发达国家而言，增加企业优势作为实现充分就业的重要渠道之一，在社会发展和经济建设中发挥着不小的作用。对相关研究进行分析可以发现，平均每位创业者带动的就业人数为28人。现在，受到经济结构转型的影响，原来的就业岗位已经难以适应经济和社会发展的需求，在这种情况下，必须推动创业活动的开展，以此来促使企业的就业容量进一步扩大，使得新岗位不断增加，提高就业的结构水平，推动社会发展。

从20世纪末期开始，我国高等教育的发展速度不断加快，规模也随之扩大，由此逐渐步入了高等教育大众化的发展阶段。如今，高等教育在校人数仍在不断增长，入学率也在逐年增加。同时，城镇待就业的劳动力以及农村转移的劳动力的规模是十分庞大的，再加上不断增加的毕业生人数，使我国的就业面临巨大的压力。每年的毕业季，都可以看到大批焦急地寻找工作的人。曾经的天之骄子，就这样被烤成了“天之焦子”。所以说，在我国未来的经济发展中，就业将成为一大难题，尽管我国的经济发展态势良好，且中小型企业可以提供大部分的岗位，但是实际的就业需求依然不能得到满足。为实现政府提出的就业方面的目标，推动创业、增加企业数量将会是一个较好的措施和途径。这是因为在增加个人收入、创造就业机会方面，新企业发挥着不可替代的作用。

古希腊科学家阿基米德曾说过：“给我一个支点，我就能撬起整个地球。”在杠杆装置中，支点是整个装置的核心。对于一个难题来说，支点就是解决难题的钥匙。对于大学生就业这个难题来说，大力推进创新创业，培养大学生的创新精神和创业能力就是解决这道难题的新支点。

二、创新创业成就大学生的美好人生

对于大学生而言，创新创业不仅可以推动其人生理想和自身价值的实现，而且可以促使其得到全面的发展，可以说意义非同一般。

（一）充分发挥自身才能

现在的大学生不仅拥有较强的学习能力和专业素质以及开阔的视野，而且具有独特的创新创造精神以及活跃的思维，这些优秀的品格和能力都为其开展创新创业活动奠定了基础。然而，在我国，大学教育依然偏重于应试教育，单纯地重视知识与科技素养而忽视实践能力与人文素养的发展，这些问题严重阻碍了大学生创新创业能力的培养与发展，使得其社会适应能力较低，难以实现知识向生产力的快速转化。在这种情况下，创新创业教育被正式提出且受到了极大的关注，我国开始重视大学生的事业心和开创能力的培养与开发，使其摆脱以往的工作羁绊，进而促使其才华与潜能得到充分发挥。

（二）为自身积累财富

一般而言，白领以及普通工薪阶层只能获取有限的工资。为了有效地避免金钱的钳制，大学生必然要开创一份事业，通过这份独属于自己的事业，创业的大学生可以获得更高的利润。根据调查可以发现，第一代创业者的数量占据了福布斯富人排行榜前 400 名中的一半以上。

（三）实现自身对“权力”的欲望

对于大学生而言，走上创业道路就意味着你可以成为自己人生的支配者，自由地掌控自己的未来，在摆脱他人约束的同时也可以更加自由地开展一系列活动，充分展现自己的人生价值，让生命更有意义。

（四）充分享受创业的过程

在我国，大学生创新创业其实是十分普遍的，每一年高校都会诞生一些“创业英雄”，比如说被称为上海大学生创业第一人的傅章强。这些创业高手的成功经历极大地鼓舞了全国各地的大学生，促使其积极地投身到创新创业中。大学生要主动抓住机会，推动自身发展。

第五节　创新创业与个人发展

一、创新创业意识的培养

创新创业意识的培养首先涉及一个经常出现的问题：一个人是如何决定开始创办一个企业的？换句话说，是什么力量和因素激励一个人去冒险创业的？研究表明有三个核心因素，即改变现状、可信的榜样和具备创新创业的意识和能力。那么应该如何提高创新创业意识呢？

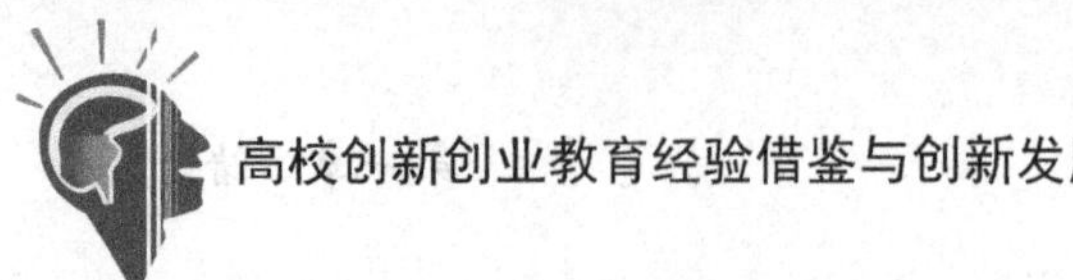

（一）风险意识

在中国企业与国际接轨的过程中，应重视风险经营意识的培养，并推动其不断增强，这对于创业企业和创业者来说具有十分重要的意义。对于创业而言，其往往具有一定的风险性。对于创业中遇到的风险，我国的创业者常常缺乏相应的准备和认识，这种现象在当前的群体创业活动中是十分普遍的。总的来讲，创业风险意识的缺位主要体现在四个方面：①在心理准备上，对创业中的困难认识与准备不充分；②在决策上，不敢、盲目或者随意决策；③在管理上，不抓、无序或者不敢管理；④在经营上，在进入市场和接触客户时具有一定的盲目性和随意性，在签订商务合同的时候也显得极为轻率。

以上做法恰恰体现了创业者缺乏正确的风险经营意识。在这样的情况下，我们应积极寻求正确的做法，总的来讲，就是要做到不惧风险、敢于挑战，同时也要懂得规避和化解风险，推动自己不断成长、成熟。

（二）经验积累

创业者必须清楚地了解自己是否具有创办和经营企业所需要的能力和经验。创业者的工作经验、技术能力、企业实践经验、爱好、社会交往能力和家庭背景对于企业的成功都是很重要的因素。如果发现自己缺乏创办企业必备的素质和能力，可以通过如下方法加以改进：与企业人士交谈，向成功的企业人士学习，但要清楚成功很大程度上取决于自己的努力；做一名成功人士的助手或学徒；参加一个培训班或学习班，接受培训；阅读一些可以帮助自己提升经营技巧的书籍；与家人讨论经营企业的困难并说服他们支持自己；练习讨论某种情况或某个想法的利弊；制订未来企业计划，增强自己的创业动机；提高思考问题、评价问题以及应对风险的能力；学习和思考如何更好地应对危机；多接受别人的意见和新的想法；遇到问题时，要分析问题的前因后果，并提高自己从错误中吸取教训的能力；加大对工作的投入并且认识到只有努力工作，才能获得成功；寻找能与你取长补短的合伙人，而不是完全依靠自己去创办企业。

二、创新创业与职业生涯发展

在现代社会，尽早做好职业生涯规划对于一个人的发展至关重要。只有这样，才能认清自我，推动自身潜能的开发与利用，进而把握好人生的方向，在正确的道路上不断前行，走向成功。

（一）职业生涯规划

职业生涯规划主要是指与个人事业发展相关的计划安排和战略设想，在这一规划中，要考虑到个人发展与组织发展的有效结合，同时也要注意分析和研究决定个人职业生涯的各个因素，包括个人因素、组织因素和社会因素等。而大学生的职业生涯规划则是以自身特点为依据，在考虑社会要求的基础上制定出最适合自己的职业发展道路。

根据上述内容可以知道，这一规划首先要对个人特点进行分析，再对所在组织以及社会的环境进行分析，随后以分析结果为依据确定个人目标以及相应的职业，制订好相应的行动计划和安排。

（二）创业人生与创新创业规划

从广义的角度去看创业，可以理解为一个人根据自己的性格、兴趣、所学专业、能力等选择适合自己的事业（可以是创办企业，也可以是创办非营利的机构，还可以是就业），并把握机会，为这个事业的成功整合资源、付诸努力，最终实现自己人生目标的过程。因此创业能力中所包括的捕捉机会、整合资源的意识，以及领导、沟通等能力，具有普遍性与时代适应性。对于所有的行业和职业而言，创业能力都发挥着不可替代的作用。

创业需要树立正确的创业观。对于创业者而言，要同时考虑到个人价值和社会价值的实现。在创业教育中，要注重学生社会责任感的培养、自信精神的培养、创新意识的培养以及职业操守的培养，实现对创业正确方向的准确把握。

创业需要培养创新的强烈意识。创业者要学会运用已知的信息，不断突破常规，发现或产生某种新颖、独特的社会价值或个人价值。创业者要保持对未知事物和新事物的好奇心。在创业教育中，要重视学生专业知识技能的掌握以及合作意识和社会意识的培养，提高学生的综合素质和适应能力，推动其创业能力的培养和发展。此外，创业还需要有开阔的视野、博大的人文情怀以及综合思维的能力。

第六节　创新创业的政策环境

一、国际创业政策

联合国教科文组织于 1989 年 12 月初在北京召开了“面向 21 世纪教育国际研讨会”，在此次会议上提出了“学会关心”的口号和“事业心和开拓教育”的概念，该会议的会议报告着重强调了社会公正目标，而这一目标的基础就是关心所有人，与此同时，在对 21 世纪的教育哲学问题进行分析和论述的过程中，提出了一个全新的概念“enterprise education”，即创业教育的概念，又称“第三本教育护照”。

世界上的主要国家也都制定了多方面的政策支持本国的创业活动，以芬兰为例，芬兰贸易与产业部提出了涉及五个方面的创业政策。

①创业教育、培训和咨询。创业教育主要围绕如何实施创业活动来展开，通过创业教育与培训来提高创业者的创业技能，吸引更多的人把创业当成职业来选择，而咨询服务主要针对那些需要帮助的创业者来展开。

②创业初期、成长阶段和全球化过程。对于这一政策而言，最关键的就是借助金融支持的力量，促使中小型企业的数量不断增加，推动其国际竞争力进一步提高。

③税收政策。

④地区创业。这一政策主要是指根据不同地区的实际情况做出相应的判断与分析，实现资源的合理配置。

⑤法律制度。推动法律体系的建立与完善，在此基础上促使创业活动的条件进一步完善。

二、政治环境分析

（一）鼓励创业可推动中小企业发展

从国际经验来看，等量资金投资于小企业，它所创造的就业的机会是大企业的四倍。一个国家有 99.5%的企业属于小企业，有 65%～80%的劳动者在其中就业。美国对中小企业的发展一直比较重视，称其为“美国经济的脊梁”，美国企业新产品中 82%来自中小企业。而我国小企业太少，因此，鼓励大学生自主创业有利于中小企业的快速发展。

（二）良好的政策法规环境的引导

创业者的顺利创业在很大程度上与良好的法律政策环境相互关联，特别是有一些政策法规是与允许个人创办和经营企业相关的，它们对于创业活动的开展产生了积极的影响。20 世纪 70 年代后期，一种新的经济体系在我国逐渐建立起来，该体系的主要特点就是以公有制为主体，多种经济共同发展。经过长时间的发展，非公有制的地位不断上升，如今在就业结构中发挥着极大的作用。国家积极营造出一个良好的政策法规环境以推动自主创业和开办企业等相关活动的开展。目前，已经出台并实施了一系列与创业相关的法律法规和优惠政策，并且确立了三种常见的企业形式的地位，这些企业形式分别是公司、个人独资企业和合伙企业，同时极大地降低了大学生创办企业的标准和要求。政府提供的基本法律保障以及良好政策环境有效推动了大学生创业活动的开展。

三、经济环境分析

（一）融资环境不断改善

为了推动创业梦想的实现，创业者必须要学会融资，这是非常重要的一点。对于大学毕业生而言，他们往往缺乏相应的经济实力，且难以通过商业贷款获取必要的资金。在这种情况下，我国银行开展了创业贷款业务，大学毕业生可以由此获得一定数额的资金，创办起属于自己的规模较小的企业，实现创业梦想。

（二）经济发展提供了创业大舞台

如今，我国的经济高速发展，经济改革不断深入，并且着重推进我国的经济结构实现战略性调整，在这样的情况下，产业结构也随之加快了调整的步伐。这就表明部分行业以及原来的投资主体将会从现有的市场环境中退出，进而涌现出一批新的行业和投资者。这些新出现的行业和投资者会对许多创业者的产生与成长产生相应的推动作用。例如，随着第三产业的兴起和发展，大批新的职业需求也逐步发展起来，进一步推动了大学生创业。

（三）知识经济时代提供更多的创业机遇

我们逐渐步入了知识经济时代，在这个时代，社会财富主要掌握在新的知识创新阶层的手中。在这样的背景下，一些新的就业与财富增长方式以及信息化、数字化等方面的就业者也随之出现了。大学生作为一个群体往往具有较高的素质，而知识经济时代的到来促使其获得了更多的创业机会。在现在的时代背景下，大学生可以积极地开展科技创新，由此来取得突破性成果，然后在此基础上创办自己的公司，为自己、他人以及社会创造相应的就业机会。

四、自主创业优惠政策解读

（一）税收优惠

对于高校毕业生而言，若是其持有人社部门审核发放的相应的就业创业证，那么他就可以在毕业年度内创办个体工商户、个人独资企业，并且在 3 年内分阶段扣减一定数额的税款。同时，国家颁布了相关的税收支持政策以支持大学生创办的小型微利企业不断发展，创造更多的社会财富。

（二）创业担保贷款和贴息

大学生在进行自主创业时，若是符合一定的条件，就可以在创业地按规定申请创业担保贷款，贷款额度为 10 万元。鼓励金融机构参照贷款基础利率，结合风险分担情况，合理确定贷款利率水平，对个人发放的创业担保贷款，在贷款基础利率基础上上浮 3 个百分点以内的，由财政给予贴息。

（三）免收有关行政事业性收费

对于普通高校的学生而言，如果他们在毕业后的 2 年时间里开始从事个体经营，那么其在工商部门首次注册登记之日起 3 年内，可免于缴纳某些方面的行政事业性收费，其中包括登记类、管理类等。

第二章　创新创业教育的理论基础

大学生是国家高素质、高层次人才，是可持续发展的智力支持和人才支撑。大学生创新创业教育成为社会各层面关注的重要焦点。在此背景下，研究创新创业教育的理论基础具有非常重要的现实和理论意义。本章分为创新创业教育的内涵、创新创业教育理论、创新创业教育之间的契合关系、创新创业与职业教育四部分。主要内容包括：创新教育、创业教育、创新创业教育、个性教育理论、主体教育理论等。

第一节　创新创业教育的内涵

一、创新教育

（一）创新教育的内涵

创造教育和创新教育是相互联系的，前者是后者的前身，后者是前者的延续。创造教育的提出者，最早的一位便是英国的心理学家高尔顿。此后，美国等诸多国家都开始重点关注创造教育，使得这一教育迅速发展起来。此外，我国的创造教育也是起步较早的，而有名的教育学家陶行知先生便是我国创造教育的开拓者。但此后，由于种种原因，他所开拓出的创造教育没能在实践中得到落实。直到20世纪80年代，我国才再度重视起“创造精神”，并将其列为人才培养的基本目标之一。自此之后，我国陆续颁布了许多关于“培养创新精神”“提高国民素质”的政策和文件。党的十六大以后，更是将“提高自主创新能力，建设创新型国家”上升到国家战略的高度，自此，创新教育迎来了新的发展契机。

在这样的整体态势下，我们更应该去了解一下到底什么是创新教育。仅从

字面意思来看，创新教育就是指借助一定的教学活动，推动学生创新能力的培养，进而增强其创造新事物的能力的教育。可以说，创新教育就是以人类创新活动的特征为基础，推动学生的全面发展，进而实现创新型人才培养的教育过程。在理解和掌握创新教育时，要同时考虑其历史和已经形成的规约以及其已有的升华和未来的发展。创新教育既是一种教育理念，也是一种教学方法，它不仅反映了时代的需要，而且还体现了创新的精神。从社会层面来看，这一教育的主要目的是让人能够创新。如果一种教育的主要目的是培养人在创新方面的思维、素质和能力，那么它就是所谓的创新教育。

除此之外，世界上有两种关于创新教育的主要定义、一是创新教育是一种理念和思想，它的主要目的是培养人的创新素质以及培养创新型人才。二是创新教育是一种能力教育，这一教育活动的开展有利于人们更好地进行创新，推动创新素质的培养以及创新能力的增强。

培养学生的创新素质是创新教育的主要任务。而作为一种综合素质的创新主要由创新人格、创新思维和创新技能三方面的要素构成。在这三个要素中，创新人格居于主要地位，创新思维次之，而创新技能居于末位。

由此可见，创新教育的任务在于培养学生在创新方面的人格、思维和技能。如果对创新教育的内容进行划分，大致可以将其分为：学习教育、渗透教育、未来教育、和谐教育等，而课堂教学的总目标就是培育创新精神。在实施创新教育的过程中，要注意培养创新精神和提高创新能力，从前者入手，以后者为核心，以此带动学生协调发展。

（二）创新教育的任务

①推动高层次、高素质的创新型人才的培养就是大学创新教育的根本任务。在衡量我国21世纪的国际竞争力和综合实力时，人才尤其是高素质、高层次的创新型人才起到了关键性作用。在我国技术上能否取得显著成绩以及各个领域能否达到世界先进技术水平两个方面，这些人才起着决定性作用。所以说，培养创新人才可以说是大学教育的根本任务。

②推动我国的知识和文化创新也是大学创新教育应当承担起的任务。在如今的知识经济社会中，知识对社会发展的影响越来越大。这就要求高校和科研机构共同推动知识创新。在国家创新体系中，文化创新是不可或缺的一部分。对于我国的文化建设而言，高校是其基础且发挥着不可替代的作用。在推动文化创新的过程中，高校是重要的理论和实践基地，所以说，在大学创新教育中，应该同时注重知识创新和文化创新，在教学中有计划地推动文化和教育创新的

开展。

③关于国家技术、文化和管理创新的实践，大学生创新教育能让高校更加直接地参与其中，并让其在国民经济中发挥主力军的作用。要求高校在教育教学和科学研究两个方面都与技术开发和经济建设相联系，积极发挥自身优势，进一步加强产学研方面的合作，充分挖掘师生潜力，使其在国民经济建设中真正发挥主力军的作用。

（三）创新教育的层次

1. 一种观念

要先了解创新的含义，然后才能准确把握创新思想的内涵。美国社会学家亚力克斯·英克尔斯认为，了解概念的本质有历史、经验主义和分析三个方面的主要途径。

（1）历史的途径

这一途径主要指创始人所说的内容。可以知道，“创新理论”是由美国经济学家熊彼得首次提出的，而“创新”“新组合”“发展”“企业家”是这一理论的核心概念。它主要从经济学角度进行分析和讨论，认为在经济生产的过程中一定要进行创新，否则也就没有真正意义上的“企业家”。企业家往往都是创新人才，他们具有创新精神和创新意志，能够充分体验创新的欢乐。

（2）经验主义的途径

这一途径是指当代人所做的内容以及相关的做法。当代人主要从思想的启示、知识经济的视角、环境的视角、创新方法与创新体系的研究四个方面对创新进行讨论。

从这些角度辨析和分析“创造”与“创新”的概念，可以使我们更好地理解创造教育与创新教育的含义。培养学生的创造力是创造教育的核心，而在创新教育中，要同时培养学生的创造力、创新观念、创新精神、创新意识和创新态度。因此，我们可以认为，创新教育作为一种教育方式，其核心是培养人的创造能力，其基本的价值取向是培养人的创新精神和创新能力，同时要注重培养学生的创新意识、创新观念和创新态度。

2. 一种活动

创新教育作为一种活动，主要是指学校和其他社会机构在管理和教学方面所做的具体安排和策略，而这些策略主要用于推动学生创新能力的培养。创新教育活动既在课堂教学活动中有所体现，又在其他培养学生创新能力、创新意

识和创新素养的活动中有所体现。要以学校为中心，在全社会建立系统协调的运作机制，以此来保证创新教育的顺利开展。创新教育的活动包括以下几种。

（1）主体性活动

保持学生的主体地位，唤醒学生的主体意识，促进学生主体性的发展，帮助学生更好地认识自己，使学生的独立人格得到尊重，从而实现创新意识的培养。

（2）民主性活动

在师生之间，首先要有民主存在，这样才能实现真正的师生平等，进而在此基础上实现师生间更好的交流和沟通。由此形成的和谐氛围，有助于学生更好地表述自己的创新思维，推动创新精神的培养。

（3）互动性活动

第一，阅读教材里的陈述性知识，并不会在很大程度上改变学生的创新意识、情感、态度和创业能力。这一活动主要是指学生在具体的教学实践中，通过彼此间的交流，进一步丰富他们的认知，推动学习的广泛迁移。同时，在这一活动中，通过与社会和周围环境的互动，可以使自己的创造能力得到培养。第二，在实践活动中，学生的每一种创意都能得到检验，并获得相应的反馈信息，从而使学生充分体验创造的快乐。创新活动的实质便是借助一定的活动形式，鼓励学生积极探索以及寻求解决困难的方法，在应付困难和危机的过程中，不断增强学生的信心和勇气。

（4）独立自学的活动

对知识经济社会而言，知识老化周期变短、产品换代加速是其中的一个特征。人们往往需要在后续的工作中不断学习，才可以获得满足自身工作需求的知识。所以，开展创新教育活动的一个主要内容便是培养学生的独立自学能力。

人们在学校的教育实践中往往会重点关注小发明以及如课外活动形式一类的活动，而从学生的角度来看，最重要的一点便是推动其创新思想的培养。要使创新教育思想在小发明等活动中得以体现，并且以创新教育原则为依据，推动创新教育的开展，从而实现培养学生的创新意识、观念和态度的目的。

3. 一个教育原则

在教学过程中，务必遵循一定的基本要求和准则，也就是所谓的教育原则，而这一原则往往贯穿于教学工作的方方面面。在进行教学活动时，要始终坚持和遵循教育的原则和规律。对教育思想进行归纳和概括，便能得到相应的教育原则，例如“因人施教”的原则是由孔子“因材施教”的思想凝结而成的，直观性和循序渐进的原则是对教育应适应自然的教育思想的总结和概括等。在全球化过程中，教育要做出新的选择，以更好地迎接知识经济的挑战。

创新教育作为一种教育原则，面对不同的教育层次，也会有不同的要求。高等教育机构作为人才培养的基地，同时提供了相应的场所用于知识生产与技术创新，在创新教育中，着重培养学生知识转化和创造新知的能力。创新教育作为一种原则，主要是指对学校的教育教学工作而言，核心是培养学生的创造能力，借助积极有效的管理和教学，更新学生的创新观念和态度，进而使学生的创新精神和创新能力得到培养，概括来讲，就是“为创新而教”。

要发挥教育的积极作用，推动学生创新精神的培养、创新观念的更新、创造才能的塑造，进而唤醒学生沉睡的心灵。贯彻落实创新教育的原则，也就是要实施相应的教育创新。

二、创业教育

（一）创业教育的内涵

在阐释“创业”概念的基础上，进而需要深入了解“创业教育”的内涵。“创业”是行为创新和探索性的行为，是人的本质力量和主体性的实现；“教育”是育人的活动，关注的是培育人的本质力量、塑造主体性，是对创业者行为创新的培养以及探索性行为的培养。二者把人的自由、个性发展与人的全面发展相结合。“enterprise education”译为中文，即“创业教育”。“enterprise”一词的解释有以下几种：①做一件事情之前的计划、设想；②艰巨复杂的或有很大风险的事业；③活动或者活动方式，具有一定的目的性。

创业教育的实质是让受教育者形成创业的初步能力。高等院校应当重视创业教育，并建立一种机制，形成一套相对完善的学生创业培训与服务体系，为高等院校的学生增长创业才干创造宽松的环境，为高等院校的学生提供实践的机会，使高等院校学生的创业意识和潜能充分发挥出来。

（二）创业教育的目标

第一层目标，培养大学生的进取精神和开拓精神，使其成为高素质的创新型人才，这就是创业教育的主要任务。无论做什么事情，这种精神都是必备的。因此，一个人即使没有创业意向，也应积极接受创业教育。

第二层目标，使学生具备创业所必需的领导力以及相关的基本知识，前者包括商业谈判技巧、新创企业申办等，后者包括财务、市场、法规等方面，在此基础上推动大学生进行自主创业。

（三）创业教育的功能

创业教育不仅可以推动社会生产力的提高，促进社会进步，而且还能提升个人的创新精神和创新意识。作为社会的一分子，特别是即将走上工作岗位的大学生，通过创业教育，能进一步明确自己未来的发展方向，从而更好地指导自己的未来发展。

1. 引导人的发展方向

对后天发展方向的定位是教育对人起到引领作用的主要表现形式，这个方向是由个人和社会两个因素共同决定的，不仅要符合社会的发展需要，而且还要能够充分反映个体的发展意向。在创业和市场经济中，创业教育引导人自强、自立、自主。获得经济自由意味着创业者拥有了选择权、拥有了按照自己意愿生活的资本，还可以进一步追逐自己的目标。“由自己”是自由的直接含义，在企业管理中，自由不仅要求人们自我发展，而且还要求人们自负盈亏；自由不仅要求人们自主经营，而且还要求人们自我约束。

2. 提供人的发展动力

创业教育是培养人对事业的追求和勇敢，培养人对市场环境和潜在需求的观察能力，培养人对规划的执行能力，同时不断培养人的进取心。通过这些方面的培养不断增强其主观能动性，增强其对知识、技术、事业的进取心。这种主观能动性和进取心是人发展的根本，人的发展除了知识技能上的增长，更为重要的是人对往好的方向发展的追求。这种追求是一种内在的动力，能驱使人不断学习进取，不断修正规划。相比于仅是知识技能的增长，这种追求决定了更为长期的发展。创业教育的作用即在不断唤醒人的这种追求，从而为其以后的创业活动提供源源不断的动力。

3. 唤醒人的发展意识

促进个人及其人格的充分发展是创业教育的一个重要使命。人的发展不仅是创业教育的核心话题，而且也是创业的基础和最终目的。人们所追求的全面发展在创业过程中有三层含义。

①通过创业，人获得自由全面发展的前提要求是充分发挥和全面发展潜能。达到潜能的充分发挥和全面发展有两种方式：其一，唤醒人自身内在的本质力量，这种本质力量具有创新性和潜在性；其二，创设展示潜能的条件。

②通过创业，人逐步实现全面发展的过程是积极参加创业实践活动，从而丰富自身的创业阅历，提高自身的创业能力，不断完善创新人格，从而能够创造更多的财富。

③全面发展的实质是人通过创业能力的发展和完善成为自然界的主人，这也是创业的最终目的。

4. 发展人的创造潜能

创业教育通过培养人的内在动力和外在技能，促进人短期的素质增长，并为长期发展提供动力。当创业者开始创业活动时，其创业既促进了经济的发展，也促使创业者不断成长，如果创业活动成功，那么不仅实现了创业者的理想，而且也实现了其社会价值。因此，人对理想和价值的追求使其发展潜能得以发挥，并在创业活动中不断发展。

5. 促进人力资本的发展

促进人的全面发展是创业促进经济发展的实质，不断提高每个社会成员的人力资本水平，也是促进人全面发展的根本。创业的主体是人，创业就是人通过发展资本来发展财富和自身的个性，这里的资本主要是指人自身的人力资本。创业是财富和资本的发展，究其根本是社会生产力和人的发展。

（四）创业教育的特点

1. 时代性

创业教育和其他的教育理念或教育模式一样，都带有强烈的时代印记。当今时代具有竞争、开放、创新、变革的特征，而创业教育的出现正是顺应了这样的时代要求，它是新型的、具有开放性的。总之，创业教育就是面向21世纪的知识经济时代的教育。

2. 创新性

对于创业而言，创新发挥着不可替代的作用。创业教育旨在推动具有创新思维和创新能力的人才的培养，这就在一定程度上决定了其具有批判性特质，即不管是在内容还是在手段等诸多方面，创业教育都应打破常规和传统，力求突破、力求创新。

3. 实践性

创业教育着重强调培养受教育者的实践能力，促使其在实践中学会生存和处事，进而更好地融入社会。所以说，对于创业教育而言，社会实践活动是一个重要的环节，受教育者通过这种活动可以对社会现实有一个正确的了解，并在此基础上推动自身素质的提升。

相关研究表明，在美国，来自拥有企业的家庭的企业家人数占据了总数的2/3，这样的家庭背景使其可以很容易获取与企业相关的感性认识和意识。所以说，创业教育务必要突出实践性，重视学生对教学内容的体验。

三、创新创业教育

（一）创新创业教育的内涵

对于创新教育和创业教育而言，两者的目标取向是相同的，都强调培养学生的创新精神和创业能力。虽然在提出问题的时间先后与角度方面存在差异，但它们都是在新的时代背景下提出的历史性课题，也是我国实施素质教育的核心和关键，应该把创新创业教育看作一个统一的系统。在我国高等学校的改革过程中，前前后后出现了许多创新创业教育活动，可以将这些活动进行统一整合，从而成为创新创业教育的新的视角和实践，以此来实现对高等教育未来的改革与发展方向的引领作用。

创新创业教育作为一种新的教育观念是由我国提出的，它并非创新与创业教育的简单相加，而是在理念和内容方面的一种超越。在理解和掌握创新创业教育时，一些研究者会严重偏离这一教育的内涵，其原因就在于其割裂了创新与创业二者的概念。创新创业教育本身就是一个新的完整的概念，而并非两个概念的交集。总而言之，高校创新创业教育是指以全体大学生为发展对象的顺应新时代潮流的一种与时俱进的教育模式，是一种基于多种教育理念的全新的教育理念。

推动大学生创新精神、创业意识和创业能力的培养，并对高校进行引导，使其不断革新教育的理念、内容和方法以及培养人才的模式，进而让人才培养、科学研究和社会服务等紧密结合，同时转变教育方式，将关注的重点放在能力培养和素质培养上，最终促使人才培养质量得到提高，这就是所谓的创新创业教育的核心目标。

此外，适应世界教育发展和改革的趋势，并且与我国国情相结合，促使学生的创新创业基本素质得到开发和提高，从而使学生的事业心以及创新和创业精神得到培养，进而使其具备创业的基本素质和企业家的思维，成为复合型经济与管理人才，同时使学生获得组织资源的能力和捕捉机会的眼光，从而获得更加广阔的发展空间，这就是创新创业教育的基本目标。这一教育强调培养探索精神，使学生在学习实践过程中善于发现新的事物和方法，推动学生更加灵活地运用所学知识，促使其解决问题的能力进一步提高。

（二）创新创业教育的特点

总体来看，创新创业教育更重视提高高校大学生的创新创业意识，更强调培养学生的创新精神，从而使得高校大学生能够积极主动地创建自己的事业，而不是被动地等待别人的选择，为他人打工。换句话说，就是实现了自身从被动地位到主动地位的角色转换。创新创业教育与传统教育模式虽有相同之处，但是二者还是存在差别的，创新创业教育有自身的独特之处。

首先，创新创业教育相对于传统教育而言，它主张以高校大学生为对象有目的性地开设创新创业教育课程。一方面给那些想要创业的学生提供创业指导；另一方面给那些正在进行创业实践的学生提供关于企业经营管理方面的实践培训，比如开设创业规划、创业实践、企业经营管理等课程，总之，更加重视创新创业课程的开发。其次，这一教育主要是通过实践，比如开展各种关于创新创业项目的活动和比赛等，鼓励学生自发成立创业中心、协会、社团等，让学生能够更加直观且深刻地感受创新创业的形式和意义，从而激发大学生的创业兴趣。最后，创新创业教育还要求各高等院校建设各类的创业机构，从而为学生的创新创业理论与实践提供相应的平台。

（三）创新创业教育的功能

1. 服务社会

作为教育的一种社会实践活动，创新创业教育可以推动国家经济发展方式的转变，在创新型国家的建设方面也发挥着不可替代的作用。一个国家的社会效益和经济效益会随着创新创业教育水平的提高而越来越好；而创新创业型人才的快速发展会推动人们物质文化生活水平的提高，进而推动社会的繁荣、进步与发展。对经济增长而言，创新创业是一个积极的促进因素，发挥着至关重要的作用。同时，创新创业教育还有利于解决就业难题，推动和谐社会的建设。目前，在我国经济稳定增长的情况下，推动创新创业教育的发展，有利于维持社会的稳定和建设人力资源强国。

2. 促进大学生全面发展

在创新创业教育中，着重强调潜能的开发，培养学生创新性的思维方式以及能力、技术、社交和管理技能，促使学生树立正确的“三观”，即世界观、价值观和人生观，进而确定自己的职业生涯规划，并取得成功。这一教育始终坚持以人为本和面向全体，引导学生学会处理各式各样的关系，并且提供给学生一个可以自由发挥的空间，不断完善其技能，不断提高其创造力，从而为以后的职业发展奠定基础，同时通过努力实现创业的成功，可以升华自己的人格，证明自己的价值，实现自己的理想。所以说，这一教育的实践活动有益于大学生的全面发展。

（四）对创新创业的理解

1. 无处不在

在很多人的印象中，只有发明创造才能体现创新，只有伟人才能创业，但实际上，不管是科技的最前沿，还是在平凡的生活中，创新创业在各个领域都能实现。

2. 没有年龄界限

每个人都有创新创业的潜能，与年龄、性别、种族等没有太大关系。就连我们认为最天真稚嫩的小孩子，也可能成为创新创业的天才。很多像伽利略一样的科学家和一些商界奇才，都是从很小的时候就展现了他们的创新天赋。他们并不因自己年纪小就放弃创新的想法，反而会在每一个小细节上都做得与众不同。

3. 并不需要高学历

对于我们每一个人来说，低学历不会成为创新创业的阻碍，创新创业只需要有一双善于发现的眼睛和一颗执着的心。即使连小学都没有毕业的人，一样可以成为创新创业的天才。

4. 不是专业人士的专利

李思光、周广斌和叶谦是三个来自不同地方的年轻人，并有着不同的职业。一个偶然的机会，他们相识了，并出于对音乐的共同爱好成了好朋友。三个人一有时间就在一起讨论与音乐有关的话题，并自学一些乐理知识。后来，大家都觉得，既然这么喜欢音乐，那么不如为兴趣而工作，成立自己的音乐工作室。刚开始，工作室的收入很低，赚的钱仅仅够他们住地下室，啃方便面。一次偶然的机会，电视台的一个制作人找到他们，请他们帮着做30秒钟的彩铃。当时彩铃在中国刚刚露头，绝大多数的人都不知道，但他们并没有错过这30秒中蕴藏的机会。因为这是一个工作和生活压力都很大的年代，幽默搞笑无疑是一种很好的调节剂。一天，三个人在聊天时，李思光随口哼起了一段小时候看过的动画片歌曲——“老狼请吃鸡”。突然周广斌打断了他：“停，停，这个旋律不是很好吗？做彩铃啊！”就这样，瞎编瞎唱中诞生了三个人的彩铃处女作——幽默的“老狼请吃鸡”：“今天好运气，老狼请吃鸡，你打电话我不接，你打它有啥用呀……”这条彩铃播出以后立刻就火遍了全国。这时，三个人才真正领悟到彩铃的魅力，也看到了这里面隐藏着的巨大商机。于是他们决定全力以赴专做彩铃。就这样，一条条有趣的彩铃纷纷出炉了，每一条彩铃都会给他们带来收益。

第二节　创新创业教育理论

一、个性化教育理论

个性化教育理论强调教育主体的个性化，尊重教育主体之间的差异化。每个人受教育环境、性格特点、自身努力、成长环境等因素的影响而存在差异，也就形成了具有不同个性的教育主体。个性化教育认同学生在生理、心理、思维、情感等方面的差异性，并根据这些差异，在教育中因材施教，制订个性化的教育方式，促进每个教育主体的个性化发展，进而实现其全面发展。

创新创业教育尤其注重独特的个性。只有依据个性教育理论，从学生的个性发展来设计教育目标、教育方式、教育内容、教育方法等，充分发挥学生的个性才能，才能让学生更充分、更主动地提升自身的整体素质，避免教育僵化、庸俗化，以培养出社会所需要的人才。

二、思维科学理论

（一）思维的含义

思维是一种高级的认知活动和过程。认知是心理学的概念，是指人们获得知识或应用知识的过程，或信息加工过程，是认识世界和改造世界的活动。认识是与情绪、动机对偶的概念。情绪是人对外界输入信息的态度，包括满意、不满意、喜爱、厌恶、憎恨等主观体验。动机是推动人的活动，并使活动朝向某一目标的内部动力。

思维不是所有的认知活动和过程，而仅仅是高级的认知活动和过程。高级即相对于感觉、知觉和记忆而言。感觉是人脑对于外界事物直接作用于某种感觉器官而引起的对事物个别属性的认识；知觉是客观事物通过感官进入并在头脑中产生的对事物整体的认识；人们感知的事物或经验保留在头脑中，并在需要时再现出来的心理过程，即为记忆。这些是较为低级的认知活动和过程，而思维则是在此基础上，通过概念、推理等方式，认识事物的本质和内在联系、规律，解决面临的各种问题的认知活动和过程，是对事物或现象的概括、间接认识，具有对经验的改组性特点。

（二）思维的特征

1. 多样性

以学科划分，可以将思维方式划分成自然科学思维和人文社会科学思维。自然科学思维以技术为价值观，人文社会科学思维以人文主义为价值观。二者在创新创业教育中发挥着不同的作用。

2. 对称性

思维方式常常形成两个对应性的截然不同的思维方式，如抽象思维与具体思维、灵感思维与逻辑思维、发散思维与聚合思维、正向思维与逆向思维等。这些对称性思维表现出了巨大的跳跃性，人们正是在思维的跳跃中，寻找到事物的真理和解决问题的最佳方法。

3. 变革性

多种思维方式和对称性的思维不是以确定的地位构成一个固定不变的系统或体系，而是不断地转换思维，从而改变思维定式，达到创新的目的。因此，多样性、对称性是对思维内在特征的静态描述，而变革性则是动态描述，在不同的问题、不同的思维方式中，不同的思维方式是处于变动之中的，它在不同时间、不同思维过程发挥着不同的作用，是思维的本质特征。

4. 语言性

语言既是人类的交流工具，也是高级思维的工具，即第二信号系统。高级思维是在语言材料的基础上进行的，它的每一步都离不开概念；而概念是通过语言砌筑的语言，既是思维的骨骼和外壳，又是思维的血液和肌肉。交流中使用的语言要借助于声音，或呈现在碑上、器皿上、纸上、屏幕上，是外部语言；思维中使用的语言是在大脑中调动、在心里默默进行的，是内部语言。

5. 概括性

概括是思维的重要过程，同类事物具有共性，概括就是归纳共性。思维的概括性包含两层含义。第一层含义是把一类事物共同的、本质的特征集中起来。关于公式、原理、定律、定理等规律的认识，都是对共性的概括。例如，在远古人类居住的洞穴壁上，就留有野蛮时代人类的绘画作品。到今天，出现了表现梦境和幻觉的直觉主义画派和完全逼真复现客观的超写实主义画派。无论古代还是现代，无论东方还是西方，无论何种派别，以所绘物象的形似与神似来表达生活和思想，是一致的、共性的。第二层含义是归纳多次感知到的事物之间的必然联系。例如，糖尿病发展会引发视网膜病变、糖尿病肾病、糖尿病足、糖尿病口腔溃疡等并发症，是通过对大量糖尿病患者的临床症状概括得到的规律性认识。一个人概括性越高，知识性越强，他的思维能力和创造能力就越强，智力就越发达。

三、“从做中学”理论

杜威的教学理论是围绕“从做中学”来建构的，其认为教学过程是一个实践的过程，同时也是不断总结经验的过程。其注重经验理论，认为所有的学习都源于经验的积累和获取，而经验则来源于实践的“做”，也就是说，只有通过实践才能获得经验，这是获取知识的基础。他对人具有创造的本能持有肯定态度，认为知识和经验并不孤立存在的，其来源于各种社会事务的相互联系和相互影响之中，学校应当重视实践的重要作用，注重提供实践的情景，如实验室、农场等，这能够使学生在实践中发现问题，并通过引导强化学生查询资料的能力，为其解决问题提供充分的支撑，这样的一个过程能够使学生不断获取实践经验。在此基础上，杜威认为教学应当由情境构造、问题发现、假设的提出、解决问题和对假设的检验五个部分构成。

“从做中学”的教育方法是对社会发展需要的回应，其有利于学生发挥主动探究和解决问题的主体意识，注重学生的全面发展，对创业教育的发展具有重要的参考价值。

四、学科课程理论

以知识的逻辑为基础，同时以一定的价值标准为依据，将从不同的知识领域选出的知识内容整合在一起，从而得到的知识系统就是所谓的学科。学科课程理论于 20 世纪 60 年代正式形成，主要是指以学科为中心来编订课程，其中

最具代表性的就是布鲁纳的结构主义课程论。

布鲁纳认为任何学科都可以通过一个基本规律去认识，这个规律就是学科的基本结构。教师的重要作用不仅在于传授具体的知识，更在于使学生能够充分认识学科的基本结构。以能够反映学科知识之间关联性和逻辑结构的学科基本结构来教授学生，能够使学生从整体上掌握学科知识，且有利于学生利用逻辑结构实现对具体知识的记忆。同时，由于人的心理具有在意义、态度等要素上重新架构的功能，学生的学习亦应当注重这种再现。布鲁纳基于人认知的规律而提出了螺旋式课程设计。这种课程设计在编写教材时根据学生不同年龄阶段以及不同的智力水平编写不同程度的内容，将学科内容贯穿于学生不同年龄阶段的学习过程，通过这种连续性的学习完成对该学科从浅到深的掌握与学习。

除此之外，布鲁纳亦提出发现学习法，即教师要培养学生主动学习的积极性和主动学习的能力，通过学生的自我学习与发现使学生能够更容易掌握课程内容的知识点。发现学习法中，采取合理的竞争方式来培养学生对主动学习的积极性，这是一种途径。除此之外，教材本身编写质量的好坏与是否具有趣味都在很大程度上影响着学生的积极性。布鲁纳的结构课程理论注重联系和运用学科知识体系与教材编写结构，并倡导使用合理的方法促进学生的主动学习，但由于其对现实生活的剥离，与过分强调学生的主观能动性，违背了客观的教学规律，导致其在实践运用中的失败，但亦有参考价值。

五、创新心理学理论

可以说，人类的文明史实际上是一部灿烂的创新史，诚如高尔基所言："生活的意义在于创造，而创造是独立存在的，无止境的。"当代大学生的创新能力通常是通过进行创新活动、产生创新作品体现出来的，所以根据作品来判断大学生是否具有创新能力是合理的。一方面作品看得见、摸得着，易于把握；另一方面，大学生的心理过程、个性特征的本质和结构是较难把握的。创新感情和创新意志是开展创新创业活动的重要条件，因此需要了解创新心理学理论。

（一）创新感情

创新感情是人们在创新过程中的一种情感体验，是在人基本感情（如激情、热情、心境）和高级社会感情（如道德感、理智感、美感）的基础上发展的促进创新活动的感情活动。创新感情具有以下特征。

1. 专注性

专注性是指创新者在创新过程中对目标的执着追求，其一旦投入进去，就会乐此不疲。除了工作，其他的任何事情都不能让创新者分神。这种全心全意的专注的心理状态能够确保创新的实现。

2. 稳固性

稳固性是指创新者的创新是经过深思熟虑后的“攻坚行为”，而不是刹那间的心血来潮。创新者的攻坚目标一旦确立，就不会轻易因为挫折而放弃。这种确定目标后决不动摇的心理，有利于创新者开拓新局面。

3. 复杂性

复杂性是指创新者在创新的过程中，感情世界中充满了各种各样的感受，既有对问题百思不解时的焦虑，也有灵感而至时的惊喜，既有久攻不克时的烦恼，也有创新成功时的喜悦。

4. 高效性

高效性是指在创新者的不懈努力之下，其可以在短时间内攻克某个曾经思考很久的问题，并给社会带来新的效益。但是，这种高效性是用创新者的生命之火点燃的，只有创新者具备极高的热情，才有可能创造出这种高效性。

（二）创新意志

意志是人们为了达到既定的目的而自觉努力的心理状态，是人们主观能动性的突出表现。意志在调节和控制人们的行动方面，具有发动和制止的双重作用。前者能促进人们的某些行动以达到预定的目标，后者则制止人们的某些行动以避免偏离预定的目标。意志不仅能调节人们的外部行动，而且还能调节人们的心理状态。

坚不可摧的创新意志，是创新者必不可少的精神支柱。掌握创新心理学的基本理论、基本知识，有利于我们从更深的层次上理解创新能力的培养。

六、全面发展理论

马克思认为，人的全面发展应是人的全部属性和全部素质的综合发展，而不是其中某一方面的发展。人是一个由多种因素有机结合在一起，有意识、有思想以及有需求的综合体。人的需求具有层次性和多样性，因此人的活动也呈现出多样性的特点，人对实现个人的全面发展具有强烈的诉求。要实现全面发展，就要不断提升自己的能力，适应周围的环境变化。正如恩格斯所说的，人应适应不断变化的劳动需求。

马克思认为，人的全面发展的内容主要包括人的个性、情感、品质、知识等方面的发展。人应具有独立的思想，有自己做人的理念，能自由支配自己，敢于对观点不同的问题提出质疑，并提出自己的见解。人的全面发展应实现人的精神自由发展，没有实现精神自由的人不能称之为全面发展的人。

随着生产力水平的不断提高、人类社会的不断进步，人类的各种天赋和潜能的发挥有了充足的物质基础。旧的社会体制和分工体系阻碍了人的全面发展。人们只有摆脱旧的分工体系，才能突破限制，获得解放，实现健康、全面发展。人无完人，每个人都不是尽善尽美的，后天的学习能够不断提高自己的能力，从而实现自身的全面发展。

七、社会改造主义课程理论

在20世纪30年代，社会改造主义课程理论开始兴起，到50年代已形成一种独立的教育思潮。美国教育家布拉梅尔德是这一理论的主要代表人物，他在《教育哲学的模式》中系统阐述了该理论的相关内容。

布拉梅尔德认为，课程教育的终极目的是改变受教育者的思想认识，培养受教育者的创造意识，最终实现对社会的改造。在具体的内容上，其认为应当围绕问题来编写课程，注重与现实生活中，如政治、经济、道德文化等领域的联系，以这些领域中出现的问题为重点，为受教育者提供应对实际问题的参考。

在课程具体采用什么样的教授方式上，布拉梅尔德认为应当以实践调查和交流为主，为调查而下到田野是必要的，同时要注重新教学工具的开发和利用。该理论对教育作用的重视有利于我国进行教育改革，同时其以社会问题为导向的课程设计路线对教育的实践应用性有所助益。但由于其对社会问题和科学研究等因素的不平衡思考，过于倾向社会问题的观点不利于社会知识的发展和学生对知识的整体掌握。

第三节　创新创业教育之间的契合关系

一、创新教育与创业教育的契合关系

创新教育是一种新式的教育，其最终目的在于培养大学生的创新精神和促进大学生创新能力的提高，它注重人的全面发展。创业教育是培养大学生自主创业意识和增强其创业能力的教育活动，它注重向创业主体传授创业基础知识。不管是在内容方面，还是在体系方面，尽管创新教育和创业教育有相似的地方，但这并不表明二者之间是相互替代或相互等同的关系。

①创业教育与创新教育有着相通的内容、一致的目标以及同样的功能。整体而言，创业教育和创新教育之间的内容是相互贯通的，二者是相辅相成的关系；创业是创新的基础，创业实践的成功与否在一定程度上检验了创新水平的高低；反之，创业又是创新的物质载体，创业成功的关键是具有良好的实施效果。创新教育与创业教育既相互促进又彼此制约，两者是辩证统一的关系。创新教育可以对教育进行重新定位，而并不是单纯地改革教育方法及其内容，是一场全局性和根本性的教育改革。新时代对高等教育提出了新的要求：高校要培养那些具备创业能力和创业素质的高水平的人才。只有这样的人才能与信息经济时代的迅猛发展相适应，才能紧跟时代发展的步伐。

②创业教育是创新教育的深入。从某种意义上来讲，创业又是另一种创新，创新伴随着创业过程的始终，原因在于创新是创业的基础。一个社会主体要想进行创业，就必须具有坚实的基础创业知识和敢于突破思维定式的创新精神，尤其是要具备良好的组织管理能力。因此，创业者必须具备综合能力，只有这样他才能担任起管理者和企业家等众多角色。

总而言之，创新教育与创业教育的关系是相互促进而又彼此制约的。事实上，高等院校开展的创业教育是对学生进行创新教育的一个有机组成部分。

二、创新教育与创业教育契合的路径

（一）转变教育理念，正确认识创新创业教育

创新创业人才的培养目标是培养全面发展的人。从高校的人才培养方面来看，我国高校都热衷于培养高端人才，把大部分精力都用在培养金字塔尖的人才上。但从现今的社会就业形势来看，一般企业所需的人才以金字塔中底部的

人才为主，所需岗位也都是一线工人居多，所以出现了就业岗位与实际培养的人才不匹配的现状。高校轻视金字塔中底部人才的培养也不是一朝一夕，高校教育重理论轻实践也已是不争的事实。由于长久以来大多数高校都不注重培养学生的开拓创新精神和为人处事能力，更没有实训和操练，轻视创业型人才的培养，而是偏重于研究型和被动就业型人才的培养，因此培养出来的大学生动手能力弱，缺乏创新精神，不愿冒风险，不敢去创业，缺乏斗志与奋斗精神，走上社会后为人处事的能力也不足，到用人单位也是高不成低不就的，形成一种比较尴尬的局面。解决以上困境的方法就是让刚毕业的大学生先到基层岗位历练一段时间，锻炼一下意志力，经受些许磨炼，为以后走上更重要的工作岗位打好基础。如果自主创业，也要从底层做起，增加工作经验，在经历了实践、认识、再实践、再认识之后，大学生也要有把自己培养成具有创新创业精神的新型人才的决心。

（二）优化校外环境，发挥政府与社会的协同力量

仅仅凭借高校自身的力量是远远不能落实和发展高等院校的创新创业教育的，社会各界的大力支持必不可少。此外，各级政府部门要在社会支持力量中起主导性作用。所以，我国高校在发展创新创业教育的过程中，要进一步强化政府部门的责任，同时还要充分利用市场机制的积极作用。在这一过程中，绝不能忽视政府部门的力量，原因在于政府部门有权动用相关的政策、采用相关的对策和措施来对妨碍社会和谐发展的趋势或现象施加干预，政府部门拥有绝对的社会公共权利。实际上，各个高校在很多地方都受政府的干预，包括大学生的就业与创业方面，有时候也严重制约了高校创新创业教育的发展。因此，高等职业学校和政府部门是一个密不可分的整体，二者是相互依存、相互促进的关系。

（三）整合校内资源，构建创新创业教育的实现机制

高校进行创新创业教育是为了培养具有创新和冒险精神以及具备开创精神，能够自己创业，兼具社交、管理、专业技能的新型人才。为了我国创新创业教育发展的全面性和持续性，需要对创新创业教育的意义有一个科学的认识，进而对整个社会创业起到带动作用，使创新创业教育课程体系的构建更加符合我国的国情。依照创新创业教育的定义以及其本身的实践特征，其主要核心内容包含以下四个方面：①创业理论，研究并分析创业的经过和创业活动本身，让创业者学习并掌握关于创业的基本理论和技巧，从而了解创业的产生和发展

规律；②创新能力，创新不仅是创业的初期萌动，而且还是创业的核心内容；③创业精神，在创业的过程中培养创业者所要具备的非智力因素是创新精神的重点所在；④创业技能，在创业的过程中，分析研究其过程和使用方法，以积累经验，提高实践能力。创新创业教育体系的基本框架就是由以上四点构成的，四者极为重要，缺一不可。

（四）提高和增强大学生的自身素质和创新创业能力

事实上，高等院校培养大学生的创新创业能力是一个系统工程，不只是地方政府需要努力，同时高校也应下大力气加强对学生的创新创业教育。

三、开展大学生创新创业教育的重要意义

创新创业教育以培养创业人才为目标，创业人才的培养应当符合以下两点：①具有创业基本素质；②具有开创型个性。创新创业教育除了要培养在校大学生的创新创业能力外，还要面向全社会。创新教育促进大学生创新性的发展，创业教育促进大学生实践性的发展。正因如此，大学创新创业教育的开展直接针对教育改革且意义重大，教育改革的主要内容是培养大学生的创新性和实践性。

（一）有利于深化教育改革

知识教育一直是我国传统教育的主要内容，这使得学生能动性和创造性的培养难以得到重视。与全球创业的平均水平相比，我国创业的平均水平更低。我国大学毕业生中创业的人数，与发达国家相比还存在很大的差距。所以，必须加快转变传统的教育理念和改革高校人才培养模式，实现就业教育向创新创业教育的转变。

（二）有利于弥补传统教育的不足

传统教育只重视知识教育，是具有片面性的，而现代教育改革不仅强调学生的素质，而且还强调学生的能力；不仅强调学生的创造性，而且还强调学生的实践性。然而，现代教育改革还存在一定的局限性。在现代教育改革中，学生的素质、能力、创新性、实践性的增强是通过各门课的教学来完成的，这种教学难以实现对学生系统化的培养和强化。大学毕业生与中小学生不同，大学毕业生要步入工作岗位，其能力、创新性、实践性的培养就显得尤为重要。

（三）有利于高校培养应用型人才

高校人才培养的目标在于培养应用型人才。创新创业教育型教育体系的构建，不仅激发了大学生学习的积极性，而且还激发了大学生学习的主动性，学生对自身所学知识的系统性和实用性的关注可以通过创新创业教育进行加强，与此同时，创新创业教育还在一定程度上激励着大学生创新创业的热情。

第四节　创新创业与职业教育

一、职业教育的内涵与特征

（一）职业教育的内涵

1. 不同国家对职业教育概念的界定

（1）瑞典——《国际教育百科全书》

瑞典教育家胡森（Husen）等人主编的《国际教育百科全书》对“职业教育”概念的解释是从“技术和职业教育与培训”的教育内涵进行分析和描述的。书中指出，通常在任何一个国家，三个独立机构设置中至少要有一个或多个与技术和职业教育的培训相关，上面所说的三个独立机构主要包括：①正规学校；②职业培训机构；③一些大小不一的工业或经济企业。

（2）英国——《简明不列颠百科全书》

在英国《简明不列颠百科全书》中，“职业教育”的定义为：“职业教育的目的是传授工商业职业知识。它可以通过正规的中等专业学校获得，可以通过在职培训计划获得，还可以通过中等技术学校获得；在没有实际指导的情况下，它还可以通过工作岗位上的实际操作不正规地学会某些必需的技能。”

（3）美国——《社会科学百科全书》

在美国的《社会科学百科全书》中，“职业教育”被定义为：“职业教育这一术语可以宽泛地用以指任何直接为个体获得有报酬的职业而进行有效准备的教育形式。”在《卡尔·帕金斯职业和技术教育法》中，“职业和技术教育”被定义为：“提供一系列课程的教育项目，这些课程与个体在当前或未来的职业领域中获得有报酬或无报酬的就业密切相关。”

2. 我国对职业教育概念的界定

①黄炎培先生认为，从广义上来说，所有的教育类型都包含职业教育的成分；而从狭义上来讲，职业教育属于专业性很强的教育，重在传授实用知识和技能。

②职业教育在《中国大百科全书》中的定义是：“它是在学生从事的职业或生产劳动中给予学生所需要的知识和技能的教育。”

③其他研究机构、研究人员以及著作中关于“职业教育”的概念界定颇多，诸如：纪芝信在其主编的《职业技术教育学》一书中写到，“职业技术教育”是指为了适应某种职业需要，在一定普通教育的基础上而进行的教育，主要包括专业知识、专业技能以及职业道德方面的教育，为社会职业发展提供应用型人才。门振华在其编著的《职业技术教育概论》中则认为，对就业者进行不同水平的专业知识和技能的教育就是职业技术教育。

（二）职业教育概念的演变

从古至今，在职业教育的发展史上，国内外曾出现多种关于职业教育的名称。其名称的改变也正体现了职业教育概念的发展，表明了不断丰富的职业教育内涵和不断扩大的职业教育外延。概括来讲，主要包含以下几种称谓。

1. 百工教育

“百工”，在我国古代典籍中指的是技工，是具有一定技术专长的各种手工业者，如同今天所说的技术工人的总称。春秋战国时期，墨子开创了职业教育社会办学的先河，他是一位职业教育的积极倡导者。他出身于百工，自称“农渔工肆之人”。他开办私学，传授有关数学、力学、光学等自然科学知识，实行“百工教育”。这一阶段的职业教育主要包括工匠技术教育、农业技术教育、商业教育和医学教育等，主要由社会教育和家庭教育来承担。

2. 学徒教育

学徒制起源于西方奴隶社会，其在中世纪时期实现了全面深入的发展。在《简明不列颠百科全书》中：“‘学徒训练’是一种技术或工艺训练，它依据的是合法契约，这种合法契约规定了师徒关系、训练年限和条件。一般来说，学徒制的培养阶段包括三个层次和水平。”

①年轻人学徒制。主要是年龄为 10 ～ 11 岁的学徒，时间一般持续在 3 ～ 10 年，教育责任由师傅承担，包括道德教育在内。

②帮工。学徒一般跟随多个师傅学习更高层次的技术，行会负责确定学徒

的工资。

③师傅阶段。将掌握到的手工艺技术展示给行会的师傅之后，旅行者可以作为师傅且被接受，这时他们就可以开设自己的店铺了。

3. 西艺教育

一般来说，对洋务运动初期技术教育的泛指就是西方技艺教育，即西艺教育。清朝末年，在第二次鸦片战争之后，李鸿章、曾国藩与张之洞等人开展“洋务运动”，推行新政，主张“师夷长技以自强”，以谋求“自强”与“自富”。1862 年，我国开设了近代中国第一所新式学堂——京师同文馆，用以培养翻译和处理外交事务的人员。此后，洋务派先后创办了 20 多所技术性学堂。

4. 实业教育

承接 19 世纪 60 年代的西艺教育，清政府开办了近代军事工业、交通运输业、燃料工业和民用工业等实业，并陆续在北京、天津、上海、广州、武汉等地开办各种专业和门类的实业学堂。至此，西艺教育越来越显示出了中国的本土化特征，发展成为实业教育。实业教育在 1904 年正式纳入学制，在学校系统中，职业教育成了一个独立的体系。1913 年 8 月，国民政府颁布了《实业学校令》，规定学校教育的宗旨是教授农工商必需的知识和技能。1922 年 11 月，北洋政府颁布了《壬戌学制》，正式确立了职业教育的地位。

5. 职业教育

德、美等国家最早提出“职业教育”，泛指培养职业能力的教育，它与基础教育、普通高等教育、成人继续教育不同。在我国，政府从 20 世纪 90 年代后期正式开始使用“职业教育”这一术语，将“职业技术教育”改为“职业教育”。1996 年，“职业教育”的范畴中不仅包含各级各类职业学校教育，而且还包含各种形式的职业培训。职业教育是对受教育者在思想政治和职业道德等方面的教育，它是对受教育者职业知识的传授、职业技能的培养，是对受教育者进行职业指导，从而全面提高受教育者的素质。

（三）职业教育的本质与特征

1. 职业教育的本质

培养技术应用型和技能型人才是职业教育的核心，也是职业教育教学过程的基本定位。职业教育也是培养职业人才的教育，其中包含两个要点：其一，培养社会各行业特定的职业人才；其二，以满足受教育者的就业需要为主要目的。在社会和个体发展过程中，职业教育以这两点为基本定位。要想完整、准确、科学地揭示职业教育的本质就要依据以上两个层面的相互结合。

职业教育以历史性为内在环节，总有一定的历史前提牵引与制约着职业教育，职业教育在“真空”中是不可能存在和发展的。职业教育很长一段时间以来都受到了限制。肯定职业教育的历史性，也是对职业教育“有限性”与“非至上性”的肯定，但是这并不能否定职业教育的超越性，与之相反，为人们发展职业教育提供真正的自由和可能的恰恰是职业教育的有限性和非至上性，职业教育的有限性与非至上性是由其历史性导致的，换句话说，职业教育的历史性可能使职业教育的无限开放性成为现实。

2. 职业教育的特征

事物内在的规定性就是事物的本质，事物的特征是事物外在的规定性，它是由事物的本质决定的。职业与教育的相互结合就形成了职业教育。这就决定了职业教育本身具有职业和教育所共有的社会性的基本特征。然而，职业教育并不是职业和教育的简单相加，而是二者的有机融合，是历史性与超越性的统一体。因此，这就决定了职业教育还必须具有职业性、实践性、大众性、中介性和终身性等特性。

（1）社会性

社会大系统包含了职业教育，职业教育与社会之间是不可分割的关系。职业教育的存在与发展由经济社会的发展所决定，与此同时，职业教育是现代社会的一个支柱行业，它不仅反作用于社会，而且还会严重制约经济社会的发展。此外，职业教育的发展离不开社会方方面面的共同努力，包括政府、企业、民间。作为现代教育的重要组成部分之一的职业教育，与现代生产和人民生活需要有着密切关系。与普通教育相比，职业教育与经济发展有着更加密切的关系，更具有广泛的社会性。职业教育的实施过程有着深深的社会烙印，如国家倡导职业教育要“校企合作、工学结合”，要广泛吸引社会力量的参与。职业教育的培养目标是从职业人到社会人。

（2）职业性

“职业”是职业教育的逻辑起点。职业性集中体现为就业导向性。所以，有人认为，职业教育就是就业教育。职业学校的教学与社会职业需要息息相关，与学生将来的职业活动也是密不可分的。黄炎培先生认为，让无业之人有业，让有业之人乐业是职业教育的根本目的。

（3）实践性

在课程设置上，职业教育强调实训实习。与职业教育关系最为密切的是社会经济发展，因此，职业教育必须根据企业技术创新、劳动组织方式变革、生产经营活动的特点，使教育过程与生产实践相结合，面向企业、面向生产。职业学校的教学必须做到理论与实际紧密联系，教师组织教学活动应联系学生实际，联系专业实际。学生在职业学校的学习要理论联系实际，强调在实践中培养学生以知识为中介分析问题和解决问题的能力。通过实践，将知识转化为能力。

（4）大众性

职业教育是面向每一个人的教育，工、农、商、学、兵等都有接受职业教育的权利，职业教育以服务民众为宗旨。将中国从人口大国建设为人力资源强国，体现了职业教育的大众性。大众性要求职业教育始终代表人民群众的切身利益，实行“无差别”的对象性教育。但职业教育的大众性不能无视受教育者个体的差异性。在教育对象上贯彻落实“有教无类”，同时坚持“因材施教”，实行人本主义教育。

（5）中介性

职业教育在人的发展和社会发展之间、教育和职业之间的特殊位置体现了职业教育的中介性。职业教育的作用有以下两点：其一，它为教育与职业之间的沟通提供了渠道；其二，它是人力优势→智力优势→先进生产力三者转化的重要桥梁。黄炎培先生曾经说过，“教育不与职业沟通，何怪百业之不进步”。职业教育对人的个性发展和社会进步的促进作用不是“普遍性”，也不是“特殊对象性”，而是直接对应着社会的需要和个人的生存，有利于科学精神和人文精神的相互结合，有利于社会发展的需要，有利于个人素质的提高。基础教育和高等教育同样肩负着中介职责，即使人从“自然人”转化为“社会人”，但是职业化是社会人的一个重要标识，这表明了职业教育与基础教育、普通高等教育相异的一个方面。

（6）终身性

终身学习是面向未来的桥梁。社会经济的发展和科学技术的进步使得知识更新的频率大大加快，职业人需要不断学习，才能适应日新月异的现代社会。具体来讲，亦即世界经济转变的方向是以信息为基础的，在世界经济中，一个企业或国家所提供的产品和服务的质量决定了其自身的效益。若生产体系的基础是新技术，则其生产效率和灵活性会更高，该生产体系要求全体职工不断更新技术、提高技能，还要求全体职工积极进取、不断创新。

（四）职业教育的功能

教育的功能也就是教育的作用。作为人类社会特有的现象，教育具有传递人类文化的功能，以此保证人类社会得以延续。教育促进个体的身心健康发展，促进个体的社会化，使人类由自然人发展为社会人，以此推动社会经济各方面的持续发展。职业教育作为人类教育系统中的一个重要范畴，也具有教育的这些基本功能。具体来讲，可以将职业教育的功能分为社会发展功能和个体发展功能两个方面。

1. 社会发展功能

（1）政治功能

在我国，职业教育发展得到了重视，同样是在贯彻落实党的教育方针和政策。党中央、国务院根据国际形势和我国经济社会的发展现状，清醒地认识到职业教育的重要性，从而做出了大力发展职业教育的决定。因此，从政治角度看，职业教育起到了贯彻落实党的教育方针政策的作用。

（2）经济功能

职业教育的发展与经济的发展紧密相关。纵观世界，经济发达国家的职业教育同样也发展得很好，如美国、德国、日本、新加坡等。我国当前的经济发展形势——走新型工业化道路、大力发展现代服务业等，都需要大批的技能型人才，而这些人才都需要职业教育来培养；职业教育在产业结构调整、社会主义新农村建设方面也是必不可少的。因此，职业教育发展得好，将促进经济的发展；反之，则制约经济的发展。

（3）科技文化功能

科学技术是第一生产力，职业教育的发展可以推动科技的发展，从而进一步推动经济和社会的发展。教育与文化密不可分，职业教育的发展将促进优秀的、有特色的职业教育文化的产生；行业、企业文化与职业教育相结合，可以更好地培养行业与企业需要的综合素质人才。

2. 个体发展功能

个体发展包括个体个性化和个体社会化两个方面。个体个性化，一般是指个体在社会适应和社会参与过程中所体现的稳定性特征。个性化的发展，意味着个体的自主能力、独立能力、创造能力与自控能力的提高。个体社会化，是

指个体出生后通过习得社会规范、行为习惯、价值观念，去适应社会和参与社会的过程。个性化和社会化是个人自身发展的两个方面。我们常说的个性发展，应该是包含在社会规范中的个性发展。教育就是在一定的社会背景下进行的促使个体个性化和社会化的实践活动。职业教育对个体这两个方面发展的作用主要是对个体身心全面健康发展的促进作用以及对个体的职业预备作用。

（1）对人的身心健康的促进

人的身心健康的全面发展包括人的生理和心理两个方面的发展，尤其是心理方面的，性格、气质、兴趣、爱好、能力、智力等方面在教育的作用力下更具有可塑性。职业教育的内容包括知识、技能与职业道德等方面，学生接受了职业教育之后，提高了文化素养，学到了职业技能，培养了职业精神，形成和塑造了职业人的素质，有利于学生身心的健康发展。

（2）对个体的职业预备功能

我们每个人都是社会性的人，社会人以职业为载体，作为职业人立足于社会。社会分工的不断细化，使得每个人的职业愈加具体。个体习得一技之长以获得所需职业而得以安身立命。满足个体的这种需要，就是职业教育对个体的职业预备功能。1999 年起，我国在全部城镇普遍开始推行劳动预备制度，具体来说，在就业前使新生劳动力和其他求职者接受 1 ～ 3 年的职业培训和教育，让这些新生的劳动力和其他求职者获得相应的职业资格，在国家政策的指导和帮助下，以掌握一定的职业技能为前提，通过劳动力市场解决新生劳动力和其他求职者的再就业问题，并同时实施严格的就业准入控制。而在职业教育发展最先进的德国，青年就业教育和岗前培训已经成为一种社会义务。德国大约有 60% 的青少年在中学毕业之后接受“双元制”职业教育，每周有一到两天在职业学校接受专业理论教育，三至四天在企业中实习和实践，培训时间一般为两年到三年半。为适应知识经济和信息时代不断变化的职业要求，职业预备功能不能只是停留在初次就业之上，还应该包括再就业、转岗培训、创业培训等，以此形成与终身教育的有机融合，为个体职业素质的提高、职业能力的增强提供有力保障和坚强后盾。

（五）职业教育的分类

1. 按培养类型划分

按照培养类型来进行分类，职业教育分为农业、工业、服务业三大产业，细分为 16 个行业门类。其中第一产业包括行业当中的第一个门类，即农、林、牧、渔行业；第二产业包括制造业、建筑业等行业；第三产业是除第一、二产业以外的所有行业的总称，包括教育、文化、卫生、医疗、餐饮等众多行业。职业教育根据不同行业的要求和规格，培养为各行各业服务的人才，才能推进现代化建设的全面进步。

2. 按培养层次划分

根据《中华人民共和国教育法》第二章基本教育制度的规定，我国实行学前教育、初等教育、中等教育、高等教育的学校教育制度。亦即，按层次分类，我国现代教育包括学前教育、初等教育、中等教育和高等教育四个层次。在中等教育阶段，分为普通中学教育和中等职业教育。在高等教育阶段，又分为三个层次：其中，专科层次包括高等专科教育、高等职业教育和成人高等教育；本科层次包括普通本科教育、本科职业教育和成人本科教育，本科职业教育尚处于发展建设当中；研究生层次包括硕士研究生教育和博士研究生教育，其中专业学位的硕士和博士研究生教育归为职业教育类别。在我国，由以下两部分组成了职业教育的培养层次：其一，中等教育学历的职业技术人才；其二，高等教育学历的职业技术人才。

3. 按实施范畴划分

教育与职业的融合，使得职业教育同时具有职业和教育的双重特征。而职业教育并不是与普通教育相对立的，人的教育是职业教育与普通教育二者的统一。在中、高等教育阶段，虽然职业教育与普通教育之间存在着分流，但是这两种教育的形式是相辅相成、不可分割的，普通教育的成分包含于职业教育中，职业教育的目的又包含于普通教育中。因此，按照实施范畴来划分，职业教育可以分为职业学校与培训机构开展的教育和普通教育中所含的职业成分。普通教育中的职业成分主要通过开展专业类课程和职业规划课程等来体现。

二、创新创业教育视域下的职业教育问题

（一）职业教育由工业化时代逐渐转向信息化时代

“互联网 +”给教育带来的显著影响甚至会引发新一轮的教育革命。它对于职业教育的影响，首先是职业教育的范式将会由工业化时代逐渐转向信息化时代，在大数据等现代信息技术的带领之下，职业教育的治理体系和治理能力将走向现代化。职业教育的学习特别是工作场所的学习，将在移动互联互通下变得无处不在。面对我国职业教育发展的现状，如何让“互联网 +”成为推动职业教育转型升级和可持续发展的新引擎，如何以“互联网 +”有效提升职业

教育越横校园教育和企业生产之间的“中间地带”的能力，我国学术界似乎还没有寻找到这些问题的解决办法。

（二）“互联网 +”加强了校园作为职业教育平台的功能

纵览职业教育发展的历程，在很长一段时期内，职业教育与企业生产原本就是一体的。但在近代，制度体系的设计导致社会化分工的异化，从而在职业教育和企业生产之间出现了断裂的“中间地带”，使得职业院校专注于职业教育，企业则专注于生产经营。然而，职业教育和企业生产之间却始终没有放慢相互融合跟进的步伐，它们一直在寻找跨越“中间地带”的契机，因此也就产生了校企合作和产教融合。

实际上，工业革命在很大程度上促进了现代职业教育体系的建立，扩大了办学规模。也正是工业革命使产业结构转向以工业为主且不断转型升级，才使得现代职业教育的发展不仅成为可能，还成了经济社会发展的重要支撑和推动力量。在无形之中，社会放大了对职业教育的要求，这是职业教育对经济社会发展和产业结构调整升级而产生的一个动态适应过程。高校要为这些由于“互联网 +”而即将变化、正在变化、已经变化的业态提供高素质的技术技能型人才。“互联网 +”背景下的职业教育突破了以往单纯的职业教育发展模式，而作为一个复杂适应性系统，在外部环境的变化和冲击之下，应该做出积极的响应和适应性的调节。

第三章　我国高校创新创业教育的现状分析

高校的创新创业教育随着时代和社会经济的发展不断地变化和改进，知识经济时代的高校学生要具有综合的素质，高校教育要转变教育理念，改革教学模式，开展创新活动。本章分为我国高校创新创业教育的发展现状、我国高校创新创业教育的典型模式、我国高校创新创业教育的未来发展三部分。主要内容包括：高校创新教育、创业教育及创新创业的发展现状、三种典型的高校创新创业教育模式及高校的未来发展等。

第一节　我国高校创新创业教育的发展现状

一、高校创新教育的发展现状

（一）教育现状

在当今互联网信息高速发展的时代，高校作为传播知识、培养人才和输出高素质人才的一个社会组织，高校教育也要顺应时代的发展需要，有效研究大学生创新教育，探索创新教育的科学合理的教育教学模式，培养学生的创新意识。各高校也要积极探索创新教育的改革，把创新教育和培养创新型高素质人才作为高校的主要目标。

经过多年的重点建设，高校也成为社会发展理论基础和科技创新的源头，也培养出了一批创新型高素质人才，高校整体的科研水平也大幅度提升，集中出现了一批科研成果。目前高校的创新教育已经渗透到了教学的日常生活中。

①通过在课程设置方面有专门的创新教育课程，培养学生的创新思维。但是这种单纯的创新教育受到了专业的局限性。

②高校还会组织相关的学科竞赛。

③高校也会开设提高动手能力的实践课程。

2018 年 12 月 6 日，“办好一流本科教育，培养拔尖创新人才”专题论坛在中国科学院大学玉泉路校区举办。论坛深入探讨了拔尖创新人才培养的方式方法，以及如何面向未来拓展更先进的理念与机制。本次论坛旨在深入学习贯彻习近平总书记在全国教育大会上的重要讲话精神，全面落实立德树人根本任务，研讨如何办好一流本科教育，提升拔尖创新人才的培养能力。

（二）创新教育改革

1. 教学改革

（1）建立高校创新教育理念

高校教育是高等教育的一个重要组成部分，高校教育也要建立创新观念，培养适应社会市场经济发展所需求的人才，创新观念改革下的高校学生要掌握必备的基础理论知识，还要掌握专业知识和技能，具有健康的职业理想、良好的职业道德，具有开拓性实践创新能力和创业能力。高校创新教育要以培养学生的这些能力为中心，建立高校创新教育观念，加强教学改革。

依据高校创新教育观念，调整专业设置适应社会需求和产业结构调整的变化，拓宽高校教育的专业和课程设置，为学生将来的职业转型提供持续发展的基础，促进学生横向拓展能力和创新能力的提高。

（2）加强学生综合素质

高校要加强学生的综合素质教育，不断开发高校学生的创造潜能，培养他们的人文素养、创新意识和精神、创业能力、适应环境的能力，促进学生全面发展。高校创新教育，就是在培养学生基本的素质和专业技能的同时，也使高校学生的创新意识增强，高校创新教育是通过提高学生的各方面综合能力，调整学生的知识、能力、素质结构，提高其综合素质。

（3）创新高校教育课程体系

高校创新教育教学改革，要调整课程结构，模糊专业界限，加大实践新课程的比重。我国高校教育受传统教育影响，课程体系过细地划分专业，这种教育使得学生知识面窄、知识结构单一、缺乏综合优势、缺乏创新精神。

高校创新教学改革就是要结合专业需要，开设创新学课程，帮助学生掌握创新的基本理论知识，使学生加强基础知识学习，优化知识和专业结构，突出学生的创新能力。关注最新的科学研究成果，传递最新的科学概念，确立现代课程意识，建立课程评价体系，从总体上提高教学质量。

2. 实践教学改革

实践教学在学生创新能力的培养方面有其得天独厚的优势。创新意识不可能在课堂上获得，需要在实践中得到锻炼和熏陶。

要拓宽基地建设的投资渠道，融合社会资源解决基地建设中的资金短缺问题。高校的实践教学基地要有企业的参与，要有基本企业生产管理元素。随着高校教育发展不断深入、专业实践教学基地逐步增多，一般有校外实践基地和校内实践基地两类。

（1）调整实践教学内容

高校教育创新的实践教学要体现专业实用性、教学内容的综合性和组合性。

要强调高校教育教学的内容适合社会经济发展和市场专业的需要，实践项目要以企业中实际的岗位为参考，调动学生学习专业知识的积极性，为学生进行技术创新奠定基础。

实践教学的综合性是指课程既要注重基础知识，又要突出专业技术知识，还要综合这些课程之间的关联性，让学生在综合知识的学习中能够全面理解和掌握专业知识。如计算机专业的“网站建设”课程，它涉及“网络基础”“网络操作系统”“网页设计”和“数据库基础”等多门相关课程的知识和技术，在学习中体现出很强的知识综合性，因此，在该课程的实践教学内容的设置中就应该充分考虑前期相关课程的知识在实践教学中的具体应用，同时，也应对这些相关课程在理论和实践教学内容的设置上提出相应的具体要求。

随着社会经济的发展和科学技术的进步，社会产业结构也进行了调整，社会工作岗位的实际需要也发生了改变，社会需要不同知识结构和技术机构组合的专业人才，高校的实践教学创新也要进行专业技术组合，根据社会需要和学生个体的情况选择性地教学。实践教学内容按工作岗位需求进行分类组合，是未来实际工作的需要，也有利于创新教育的实施。

（2）改革实践教学模式

创新教育的一个很重要的目的就是培养学生在专业上的独立和自主能力。学生专业实践能力的培养有赖于实践教学环境的开放性。实践教学环境的开放性，一是指实践教学设备、场地在时间和空间上，要最大限度地真正向学生开放，拓宽创新教育的时空。二是要创设良好的实践教学管理环境。实践教学设备在管理机制上应充分考虑有利于开放式教学的实际需要来进行配置，实验室的设备配置，应该考虑教学内容和教学组织的灵活性。不同设备的搭配组合，可实现不同实验项目的具体要求。

高校教育中的创新教育要建立循序渐进的教学模式，进行全程的创新能力教育教学体系，建设实践教学培养平台，培养学生的基本能力、实践能力和综合能力。

培养基本能力的训练，要让学生加深对基础理论知识的理解，掌握各种实验的操作技能和基本方法，培养学生的科学实验的基本能力。实践能力的培养，要培养学生综合应用所学的理论知识和实验技能解决实际问题的能力，优化课程设计和改革专业实习的教学方法，提高学生的综合实践能力。

高校要利用选修课程的优势，设立创新基金等教学模式，开展学科竞赛，进行创新性的课题研究，帮助学生选择毕业设计，使不同潜质的学生都得到一定程度的创新能力的培养，在校园中培育出一种鼓励创新、积极创新的良好氛围，带动大多数学生主动关注创新活动、积极参与创新活动。

（3）改进实践教学方法

改进传统的实践教学目标。将培养学生善于发现问题和思考问题的能力纳入实践教学的目标之中，不能只关注对专业知识的实践教学，要积极进行对学生的创新能力的培养，发挥学生的潜力。

结合学生多、指导教师少和实习分散的实际情况，采取教师讲授与学生讨论相结合的形式，启发学生结合科学技术发展和实习实际提出问题、分析问题和解决问题。改进实践教学考核方式，不但要考核学生的专业技能，还要考核他们的创新情况。建立创新激励机制，及时奖励对某个问题有创意的学生。

3. 推行通识教育

通识教育相对专业教育、技能教育而言，是一种培养人精神品格的教育，对培养高校创新人才具有十分重要的特殊作用。19 世纪以来，在欧美一直流行通识教育与专业教育相结合的培养模式。近几年，我国在较多普通高校开始探索通识教育，拓宽高校创新教育渠道。

高校通识教育形式多样，学生学习的是必要的基础知识和文化教育，涉及各个领域的文科、理科知识，通过课堂内外、必修课和选修课的全面学习，扩大学生的知识面，开阔学生的视野。在基础知识学习的基础上，整合创造出新的知识技能，也提高了学生的智能储备。

通识教育可以营造宽松和谐的校园环境，利用教育的潜能力量，通过多样化的教学模式和个别化的教学方法，提供多种学科的知识教学和丰富多彩的课外活动，满足全体学生的各种需要和多方面的兴趣，尊重学生的个性发展，充分开发学生的创造潜能，培养创造性思维，提高学生的创新能力。

通识教育对培养高校创新人才的作用，还体现为学生要树立远大的理想和高度的社会责任感，激励学生的创新激情和精神，丰富学生的想象力，促进学生个体的创新思维的发展，用创新精神创造性地解决问题，加强学生的思想素质教育，形成良好的品格。

总之我们要推行通识教育，转变教育观念；深化教学改革，优化通识教育视野下的创新人才育人环境，加大理论教学改革力度；建立启迪、诱导、激发的教学模式；创建发挥学生主观能动性的实践教学模式；建立和谐的校园文化环境，创建高品位的校园文化，建立和谐的创新环境。通过通识教育培养出来的学生才能全面地发展。

4. 开展创新活动

高校创新教育不仅要列入教学，还需结合高校教育的特点，通过开展一系列创新活动加以实践，形成创新教育的基础与支撑，让学生展示其创新能力，不断产生创新成果，更好地帮助他们提高创新兴趣，保持创新热情，强化创新意识，提高创新能力。

把握心理特点，激发学生的创新精神，激发科技创新的兴趣和好奇心，引发他们对创新的冲动和灵感，进而鼓励学生突破定论，大胆进行创新尝试。把握思维规律，提高学生的创造想象力和创造性思维能力，提高学生解决问题的能力，创造性解决问题的成功喜悦和由之激发的浓厚兴趣又会形成巨大的“内驱力”，产生强烈的创造意识，推动创造思维的形成和进一步发展。及时准确地掌握学生的思想状况，全面了解学生的情况，培养学生的创新人格。

因此，有效地引导学生开展创新活动，可促进他们创新人格的形成，提升他们的创新能力，进而达到全面提高学生创新素质的目的。

（1）开展丰富多彩的第二课堂创新活动

①营造激励创新的多元文化氛围。充分发挥共青团、学生会的作用，组织学生开展讲演、设计、摄影绘画和艺术创作等竞赛，努力营造激励创新的多元文化氛围。高校为培养面向未来的应用创新型人才，一方面可以通过校团委、教务处、科研处等有关部门，精心组织课外学术作品立项、结题的各项工作，引导科技活动向精品化、项目化方向发展；另一方面也鼓励各二级学院、各学生社团开展经常性的学生科技活动，为学生提供科技活动机会，营造乐学好学的科研学术氛围。

②开展创新科技活动。组织校内外专家开设科技讲坛，把先进的技术与科技前沿信息带进校园，提升学生的创新品位。高校要一直致力于推动科技活动

发展，着力培植大学生的科技活动品牌。要提倡“以科技活动促创新，以品牌活动促成才”的基本理念。学校可以成立大学生科技创新中心，设立大学生创新基金，新建创新实验室，启动大学生科技作品立项，举办科技文化节等。通过这些活动的开展，学校在努力营造一个积极向上的科技学术创新氛围，解决同学们在科技创新中的困难，学校的许多老师也为学生科技活动团队给予最大限度的专业指导。

③开展课外科技活动。以学科或专业为依托，以任课教师为导师，开展课外科技活动，运用已学的专业知识，进行技术小改革，体验创新的过程，激发学生的创新热情。引导学生研究校内外科研项目分解后的部分子课题，进一步培养学生的创新意识，挖掘学生的创新潜能，激发学生的创新思维能力。建立并实施大学生科技创新项目研究的长效机制，使高校由培养高技能人才基地，向培养高技能创新人才基地转变，提升基地培养功能。

④举行校园技能节。举行校园技能节，促进创新活动的深入开展。校园技能节是以学校开设的有关专业知识为基础，设置若干技能比赛项目，在某一个集中时间内组织全校学生进行比赛的声势较大的一个集体活动。实践证明，举行校园技能节，开展技能比赛，符合高校培养高技能应用型人才的实际。高校可以此为平台，一年一度，形成制度，逐步调动学生学习和掌握专业基本知识的积极性，培养学生注重训练与提高职业基本技能的热情，促进学生创新能力的提高。

（2）提升学生的社会活动创新能力

一是充分利用社会创新教育资源，组织学生走向社会，进行社会调查、技术服务等社会实践活动，增加学生的社会阅历，提高学生的创新能力。

二是积极组织学生参加社会有关方面举行的各类技能创新比赛，让他们经风雨、见世面，在创新实践中得到锻炼与提高。近几年，在国家对创新人才及高技能人才高度重视的大环境下，社会有关方面经常举行诸如数控技能大赛、机械创新设计大赛等活动。高校要以此为契机，充分运用自己的优势，积极组织学生参赛，提升他们的创新能力。

二、高校创业教育的发展现状

（一）创业教育的目标

高校创业教育的目标定位模糊，驱动力不强。高校把对大学生的创业教育和就业教育混为一谈，把创业等同于就业。高校大学生进行创业教育已经成了如今信息共享时代的必然要求，也是促进高校转变教育教学观念，不断地改革适应时代发展需要的人才培养模式，强化创新创业能力训练，培养适应国家建设及各个企事业单位需要的高水平创新人才的一个重要项目。大学生创业也是实现自己人生价值的有效途径，通过创业，大学生在将来的就业中会有更多的选择。

高校开展创业教育，结合高校自身的情况和战略目标，要以培养学生的创业意识、创业精神、创业素质和创业能力为基本目标，细化学生自身的特色，发挥学生的特长，培养大学生独立学习和工作的能力，鼓励大学生自主创业。

（二）片面的创业教育观

中国传统的文化，导致高校师生以及社会各方面都认为创业就是单纯的就业，创业意识不强，也影响了人们对创业教育的认识。

高校片面的创业教育观，不是让学生不学习理论知识，片面地去创业，也不是单纯地进行创业实践活动，高校要避免这两种片面的创业教育，要让大学生在学习理论基础知识的基础上，掌握创业就业的综合素质和能力。

高校从领导到教师都要树立创业教育观念，准确把握创业教育和创新教育，在高校的教学工作和宣传中，积极进行创新创业教育理论的学习，要纠正片面的创业教育，将创新创业教育和就业教育一体化建设。

（三）创业能力的培养

1. 树立创业理念

2015 年 5 月 1 日，国务院印发了《关于进一步做好新形势下就业创业工作的意见》（以下简称《意见》），部署进一步促进就业鼓励创业，以稳定就业实惠民生助发展。《意见》指出，随着我国经济发展进入新常态，就业总量压力依然存在，结构性矛盾更加凸显。必须树立大众创业的新思想，实施更加积极的社会就业尤其是大学生的就业政策，把社会大众的创业和就业有机地结合起来，以大众创业带动大众就业。这就为加强创新创业与就业教育一体化建设提供了政策支持。

高校的创业教育，正好迎合了社会和国家的号召，促进了大学生自主创业，实现了大学生高质量地就业，同时也带动了社会的就业。大学生创业教育是由政府、学校和企业三方共同建设的，提高了社会各方参与高校人才培养的积极性，也明确了各方的义务和责任，形成了高校大学生创业教育的稳固格局。

①高校是推动者。在创业教育发展的过程中，高校是主要的推动者，要发

挥高校自身的课程体系优势、科研能力和师资力量的优势，使大学生在学习坚实的理论知识的基础上，充实专业知识和技能的学习。

②政府是主导者。政府在创业教育中要发挥自身资源配置的主导作用，积极筹划创业园的建设和创业事务的办理，在资金、创业园区的配套设施、人才的引进与输出、与企业的联系等方面提供良好的保障和政策支持。

③企业积极参与。在高校的推动和政府的主导下，让企业积极参与到大学生创业教育的建设中，可以使学生的创业项目及时地转化为市场，还可以为学生提供实习岗位。

2. 丰富教学内容

高校创业教育要作为高校的教学战略目标做到教学计划中去，要作为课堂教学的主要手段，建立和完善课程体系，培养学生的创新创业意识，让学生掌握开展创新活动和创办企业的相关技能，提高学生的创新创业能力。

①增强教学内容的实践性。在学校中可以开展论坛、讲坛等创业实践活动，举办各种形式的创业大赛，在学习基础理论知识的基础上，创新专业课程的学习，实现创新创业课程与专业课程的互补机制。创业教育还要积极发挥企业资源的优势，结合企业实际工作中的岗位需求，开设专业的岗位职业课程，提升创业教育知识结构的科学性和合理性，营造良好的创业氛围，培养大学生的创业兴趣，提升大学生的创新意识和创业能力，可邀请创业成功的企业家来校演讲，将其鲜活的经历和丰富的经验讲授给大学生。

②完善创业教育公共课。对创业人才的培养，要从合理的课程体系入手，明确高校人才培养的目标，优化课程体系。作为高校课程体系的重要组成部分，公共选修课的目的在于满足大学生的不同兴趣需求，扩宽大学生的知识面，促进大学生的个性发展，培养大学生的创新精神和创业能力。可以适当增加创业教育类公共选修课的数量，如企业管理、营销概论、创业实务、企业经营等，还可以开设创业类讲座课程。

3. 构建创业教育师资队伍

（1）加大教师培养力度

要加大对创业教师的培养力度，需要通过以下途径来入手。

第一，高校应该鼓励不同专业的教师参与到创业教育中，并组建创业教育教研室，定期开展研讨会，加强各个系科之间的交流与合作，为教师提供更多的思路，提高教师的创新能力和创业教学能力。

第二，高校为教师提供更多的创业教育培训和体验平台，选送创业教育教师到创业成功的企业中观摩学习，重点培养有创业经历和管理经验的教师。

第三，制定创业促进措施，鼓励教师积极投身到创业实践中，不仅能够提高教师的专业知识和技能，而且有助于提高创业教育工作绩效。

（2）拓宽师资来源渠道

第一，政府应该深化高等教育体制改革，调整高校人才培养目标，引导教师积极投入创业教育中。

第二，通过政府引导、高校倡导和媒体支持等方式，形成政府政策支持、高校重视培养、学生积极参与、社会尊重创业的良好氛围。

第三，高校可以引进成功创业的企业单位中综合素质优秀的人才兼任创业教育教师。这样一来，在确保拥有更专业的师资队伍的基础上，能够更加顺利开展和落实整个大学生的创业教育教学工作。

4. 完善创业教育社会支持体系

（1）营造创业教育环境

良好的创业氛围有利于创业人才的培养。高校要想开展创业教育，就应该营造浓郁的创业校园文化氛围，创造宽松的创业环境，改善创业教育的工作环境，同时发挥文明环境育人的功能，加强校园文化建设，引导大学生树立正确的世界观、人生观和价值观。

（2）加强政策和制度支持

在国家出台的一系列创业优惠政策的基础上，政府应该继续积极创造条件，鼓励大学生自主创业，制定推行创业的扶持措施，为大学生创业提供制度保证。各级政府建立大学生创业长效机制，从社会稳定和解决大学生就业出发，按照长期、短期等分层次的模式，从制度、资金、机会、保障等方面进行全方位的配套。

（3）加大创业资金投入

资金不足是大学生创业失败的关键阻碍点，因此要拓宽融资渠道，增加创业资金投入。大学生创业之初的资金主要来源于父母或者是一些政策性质的创业资金。目前很多省、市设立了大学生创业基金，一些高校还在校设立大学生创业基金，但这些资金难以有效满足大学生创业，特别是机会型创业的需要，对大学生机会型创业政策的优惠力度过小。

三、高校创新创业教育的发展现状

（一）教育社会实践缺乏

在大学阶段，大学生要更多地接触社会、了解社会，才会真正了解到创新创业教育的重要性。社会实践能够让大学生在社会生活中发现自身能力与社会需要的差距，从而自觉学习创新创业的内容。社会实践活动与创新创业教育课程教学对于大学生的成长都很重要，两者只有相结合才能取得更好的教育效果。大学生的人生观是在社会实践的过程中逐步建立起来的，在进入社会后，大学生在社会工作中逐步进行自我规范、自我约束，在社会环境中找到自己的发展方向，使得自己的人生观更符合社会要求。个人总是处于社会环境之中的，大学生需要多参加社会实践，增强自身的社会责任感。

目前大学创新创业教育的主要地点是学校，然而，学校教育有着很多的局限性，教育环境过于单一，不能够有效增强大学生对所接受知识的吸收能力。大学生毕业后就要走向社会，大学期间就是他们角色转化的重要时期。他们需要从一个学生转化为社会工作者，这一转换十分重要。转换得当可以使大学生在工作岗位上十分适应，可以完全发挥自己的能力，缩短初入社会的摸索期。大学生创新创业教育的重要任务之一就是引导大学生完成社会角色的转换，帮助他们看清自己的优缺点，让大学生在适合自己的领域发挥极大的作用。大学生创新创业教育引导大学生价值观的确立，关系着大学生的未来发展方向，决定着大学生是否能够坚持自己的追求，关系着大学生是否能够坚持爱国守法、尊重他人等重要的原则。

（二）教育内容难以把握

大学生创新创业教育的内容是在社会主义建设过程中总结出来的理论精华，内容会有些抽象、难以把握，这就使得大学生对其没有兴趣。这是创新创业教育过程中不可回避的问题。如何使大学生创新创业教育的内容更有可读性、更有吸引力，是高校创新创业教育急需解决的问题。

大学生需要了解我国社会主义建设过程中的种种需要，需要了解何为社会主义、我国为何要坚持社会主义。只有真正明白社会主义，才能为社会主义建设出力，这些需要大学生掌握的内容都是具有深度的内容。大学生成长于信息化时代，没有经历过国家动荡、炮火纷争。虽然他们能够通过各种媒体来了解为国家建立奉献生命的各位先烈、为国家建设鞠躬尽瘁的各位科技人才，并为他们的献身精神所打动，但是创新创业教育课程的学习还是缺乏代入感。在如今的这个时代，大学生无法对当时发生的一切感同身受，这就导致大学生只掌握了创新创业教育的表面内容，很难深入理解创新创业教育的内在要求，在面临具体问题时只有去寻求老师的帮助，才能理解更深层次的内涵。

创新创业教育内容十分乏味，大学生没有兴趣学习枯燥的理论知识，而且大学生长期在校园里生活，缺乏一定的生活经验，因此他们难以对创新创业教育的内容产生共鸣，不能够深入地进行创新创业学习，使得创新创业教育变成了空洞的理论，不能与实践相结合。大学生花费了许多时间学习创新创业的内容，却不能对自身产生帮助，导致他们放弃了创新创业的学习，将更多的精力放在了学习专业知识上，以使自己有一技之长。长此以往，就导致创新创业课程被定位为“浪费时间”的科目，使得师生都不注重创新创业教育内容，大多数学生缺乏必要的政治敏感度，不能了解创新创业教育的重要性。

（三）教学方法亟待改善

大学生创新创业教育的方式应该是潜移默化的，目前的创新创业教育教学方法还有待完善。在师生互动中，大多是采取问答式教学，学生的参与度不高，这就会影响创新创业教育的效果。大学生创新创业教育应该充分调动学生的参与积极性，让学生真正参与到教学活动当中，使课程生动有趣，让大学觉得创新创业教育课程类似于一个主题班会，可以自由讨论，发表自己的见解，发挥学生本身的主体作用。大学生参与到教学活动当中才能思考创新创业教育的内容，进行研究性学习，生动的创新创业教育能够引发学生的思考，让大学生对自己的未来有更完整的规划。若是创新创业教育的内容枯燥乏味，那就会逐渐脱离大学生群体。

大学生创新创业教育可以借助学生群体的智慧，针对具体的教育对象开展不同的教育，以大学生容易接受的形式进行大学生创新创业教育，让大学生创新创业教育变成经验学习会，让学生们互相分享实践经验，从大家的不同经历中总结经验教训，在前人的基础上发展，推动社会主义建设。

创新创业教育这门课程的开设目的是解决大学生实际生活中遇到的问题。在创新创业教育课程中，并不只是单纯地讲授理论经验，而是为学生迈入社会提前做准备的，能够帮助学生形成较为稳定的思想状态和健康的人格。大学生创新创业教育队伍的建设也要注重与大学生的交流，不仅要了解大学生在实际生活中的思想动态，还要了解他们的学习方式。只有掌握了大学生学习知识的方式，才能采取大学生易于接受的方式进行教育。

在高校创新创业教育的过程中，由于缺乏人文关怀，取而代之的是机械的、简单的教育方式，所以创新创业教育的实效性并不能令人满意。这样，由于教育不当造成的高校创新创业教育的“后天不足”的问题比较严重，致使部分学生在理想信念、道德素质、思想观念、法治信念、心理健康等方面存在不同程度的问题。要想促进大学生创新创业教育工作的发展，首先要做的就是“推陈出新”，不失时机地进行创新创业教育模式改革，坚持以人为本，注重人文情怀，关心大学生的个体成长，尊重大学生的主体性发展和个性发展。

（四）受教育者的主体作用不强

受教育者是创新创业教育的客体，是教育者灌输创新创业理论的对象。这个对象有其特殊性，他是人，是有主观能动性的人，在教育过程中就不应该单纯地被动接受知识，单纯地被灌输知识，而应该是与教育者之间平等地对话，让创新创业教育的内容内化于自己的心中。然而，在现在的创新创业教育中，受教育者的作用十分有限，并受到了忽视。

长期以来，教育者都被认为是教育的主体，在教育活动中起着主导作用，而真正的教育主体却被忽视，只能被动地接受教育。这种观念表现最突出之处就是，认为受教育者有不足之处，所以需要对其进行批评教育，从而让受教育者改正自身缺点。受教育者的主体地位从最初就被排斥在了教育过程外，受教育者的主体意识被泯灭。然而，在创新创业教育过程中，不尊重大学生的主体地位就不能调动大学生的积极性，不能满足大学生自我发展的需要；不重视对大学生价值观的培养，就不能启发大学生进行自我提升，不能让大学生在自省中自我成长，抛弃错误的价值观，构造正确的价值观，将被动学习转化为主动学习。

教育者高高在上，采取灌输式的教育方法，大学生唯有机械地服从。受教育者与教育者地位不平等，思想就不能交流、问题就难以解决、情绪就不能疏导，大学生的主体性被打击，积极性就会消退。大学生认为，教育者与自身不平等，不能真诚相待，教育者对大学生不包容，从而使大学生对课程产生厌倦和反抗情绪，然而又无力改变，于是他们就会采取消极的应对方法，如不听课、逃课等，考试也会采取“临时抱佛脚”的态度来应对。

高校的创新创业教育课程大都采取大班授课的形式，这样的授课方式忽视了受教育者的创新创业水平，不符合创新创业教育先进性与广泛性相结合的原则。大学生在上创新创业教育类课程时，往往被安排同一专业好几个班甚至不同专业混合上课，忽视受教育者的个体差异，完全“一刀切”。教育者在授课时往往空洞乏味，单单进行理论知识的灌输，完全忽视了受教育者原有的知识基础、兴趣爱好、个人性格等。因此，很难引发学生的共鸣。先进性和广泛性是创新创业教育的优良传统，然而，在大学课堂上，专业知识的教授是按照大学生不同的知识结构和爱好来进行的，只有创新创业教育忽视了学生的人格特性，实行大班授课，将受教育者的兴趣完全泯灭，让受教育者的创新创业修养难以提升。

（五）教育者未能发挥主导作用

高校的创新创业教育工作可以用“说起来重要，干起来次要”来概括。

“说起来重要”是说高校也非常重视大学生的创新创业教育，学校也会通过文件的形式组织教师学习，落实一些创新创业教育课程和实践课程，但是在实际的教学工作中却没有达到理想的效果。

“干起来次要”是说由于高校教学质量的考察还是通过数字化的成绩考核来进行的，所以当专业课程与创新创业课程相遇时，创新创业课程做出了让步和妥协，创新创业教育课程被“理所当然”地让位于专业课程。在实际的创新创业教育过程中，创新创业教育活动即使开展了，也只是流于形式，使创新创业活动名不副实。当高校所有活动交织在一起的时候，创新创业教育工作就不得不做出让步。

在现阶段，高校创新创业教育者只能将本应该是非常有人性化的学生工作当成机械的“消防工作”，将自己的角色定位为“消防员”，整个教育过程就变成了单纯的“救火”，很难做到创新创业教育的人性化和个性化，很难做到从学生实际情况出发，将创新创业教育工作做得更有实效性。

高校创新创业教育也需要良性的制度来规范。

第一，高校在制定相关规章制度时，并没有充分地考虑大学生的实际情况，缺乏与大学生的沟通。

第二，规章制度的相关规定并不是基于学生的未来全面发展进行考虑的，而是基于更方便管理者的管理来制定的，制度的内容更多的是关于如何处罚，显得过于机械和单调。

第三，高校在制定规章制度的过程中机械地将国家在相关方面的规定进行照搬，自主性很差，没能做到“因校制宜”。

第四，高校缺乏突发事件的早期预警机制，缺乏学生创新创业突发事件完备的应急预案。正是由于管理和制度缺位，才使得创新创业教育管理弱化。

（六）专业师资队伍严重匮乏

我国高校开展创新创业教育普遍都比较晚，并在一定时期内呈现单一化缓慢发展的态势。直到我国进入全面推进创新创业教育阶段，高校创新创业才真正进入快速发展期。创新创业教育工作也越来越得到学校各个层面的重视和参与，学校正逐步尝试将创新创业教育与专业教育接轨。依据国家创新创业发展目标，各高校创新创业教育师资现状与不足主要表现在以下几个方面。

1. 师资数量总体不足

就目前的情况来看，几乎所有高校在就业指导工作人员的配备方面都无法达到我国教育主管部门下发文件中规定的标准。在高校里，就业指导工作往往都是由专门从事学生工作的辅导员老师来兼职担任的。再加上大多数辅导员年龄、学科背景等因素的影响，导致工作人员的专业水平参差不齐。由此可见，当务之急就是对就业指导教师的师资队伍进行优化。

2. 师资专业化水平不高

创新创业教育要求很强的学科融合性及实践性，要求参与的老师不仅要具备经济学、管理学、法学、社会学、心理学等多个学科的知识体系，而且要有创新创业实践能力。目前高校的专业老师自身学科的专业性都很强，但是跨学科知识的融合性差；理论知识扎实，但是实践经验不足。

高校从事专业教育的老师基本都是按照学科分专业培养出来的，他们在自己所从事的专业领域有很扎实的专业基础，但是对创新创业教育所涉及的其他知识比较缺乏。另外，高校老师大多都是按照国家教育序列逐级完成学业，从高校毕业后直接任教。这种校门对校门培养的教师理论知识扎实，但是缺乏社会历练，尤其缺乏创业实践经历，对创新创业教育大多停留在表面认识上，没有切身的实践体会，自身实践能力跟不上。如果高校没有对就业指导教师进行过针对性的培训，再加上这支队伍流动性大、稳定性差等，想要让这支队伍很快地适应新形势下的就业指导，其难度就可想而知了。

3. 师资结构不合理

目前高校创新创业教育师资队伍结构如下。

①师资水平方面，引领型教师缺乏，有创新创业实践经验的教师缺乏。

②年龄方面，青年教师多，中老年教师较少。

③职称结构方面，初中级职称教师多，高级职称教师少。

④学科结构方面，具有创新创业知识背景的教师少，专任教师更少。

⑤投入时间方面，大部分教师参加创新创业教育是随机的，长期持久参与的比较少。

⑥管理队伍方面，兼职政工干部较多，专职管理人员少。

（七）创新创业所面临的社会环境问题

1. 政府宏观管理亟待加强

社会对大学生自主创业的认可度还是非常低的，此外，创新创业的社会环境也相对较差。目前还尚未建立统一的创业投资市场，也就是说，现在的创新创业投资依然是地方政府和区域资本的各自行为。

2. 创新创业教育缺陷亟待弥补

创新创业教育教材在选用上有一些问题。具体表现在以下两方面：第一，教材的内容涉及了过多的西方商业理论，对中华商业文化比较忽视；第二，使用现行教材教育出来的学生在企业管理方面往往会比较突出，但是与中国创新创业哲学等方面相关的理想和素质却极度缺乏。这一现象必将会对我国大学生创新创业教育的效果产生非常严重的影响。

创新创业实训基地的建设仍处在培训技能阶段，也就是初级阶段，体系并不是很完整，根本无法满足我国经济结构调整的新需求。

创业社团组织的运行模式存在着以下缺点：第一，档次较低；第二，功能比较弱；第三，缺少活力。

3. 社会资本投入亟待引进

主要体现在以下几方面。

①天使资金的数量根本无法满足大学生创业的需求。

②风险投资基金更倾向于为已经较为成熟的企业投资。

③创新创业导师缺少创新创业和企业管理的经验。

第二节 我国高校创新创业教育的典型模式

一、项目贯穿培养模式

（一）专业训练项目的创新创业教育

1. 传授创新创业知识

高校的创新创业教育人才培养，要贯穿学生的整个学习过程，从学生一进校门开始一直到毕业，都要传授创新创业基础理论知识，构建专业项目的创新创业教育课程体系。从大学新生开始，分年级分班级分专业，有针对性地开设专业教育课程讲授、知识论坛、实践基地训练、就业创业指导、毕业论文设计等进行不间断的创新创业教育，将创新创业意识贯穿到专业教育的各个方面。

2. 提升创新创业能力

通过专业理论知识的学习，再加上创新创业实践基地的各种实践活动，努力提升学生的创新创业能力。学生的实践教育教学包括校企共建工作室、大学生创业园等联合政府、企业等社会资源，为大学生创新创业实践活动提供软件和硬件方面的支持和帮助。培养学生的职业道德和文化素养，主要提高学生的专业技能、项目开发、自主创业等的能力。

3. 孵化创新创业成果

高校创新创业教育的项目贯穿人才培养模式，要发挥政府、企业、行业和学校四方面的资源，促进大学生创新创业项目的成果孵化。可以整合四方的力量，建立科技创业园、电子商务基地等多个服务机构，为大学生创业提供技术支持、成果转化、创业培训、房租减免落实、税收返还、专利申请、知识产权保护等方面的保障，增强大学生在实战项目中的创新创业能力，培养学生的跨专业综合创新能力，促进一些成熟的创业项目成果成功孵化。

4. 规范创新创业管理

要保持创新创业教育专业训练项目的可持续运行，实现贯穿学生始终的有效教育，就要规范创新创业管理的规章制度，利用现代化信息网络技术，实现大学生“一站式”管理和服务，学生可以方便地从网站上获取相关的创新创业教育最新动态、项目申报、各种形式的比赛等信息服务，成为学校与企事业单位、社会团体之间、专兼职导师之间、师生之间广泛交流的桥梁。

（二）专业训练项目的作用

通过对专业项目的学习和训练实践，大学生学习了专业技能，激发了创新创业意识，提高了创业能力。

1. 创新教育机制

创新创业教育的专业项目的训练，融合理论教学和社会实践，整合社会资源，管理机制又不同于正常的课程教授，所以对于高校的创新创业教育是一种体制和机制的创新。

2. 创新课程体系

专业训练项目的学习，不仅包括专业理论知识的学习，还包括专业知识（人文社会、企业管理、会计知识等）的学习，这两部分的课程学习是专业训练项目课程必不可少的部分。学生学习的是系统全面、多角度的综合知识，课程也更加具有科学性，在学校课程学习的基础上，还开设有针对性的专业专题讲座和专题报告，促进学生更加系统地掌握创新创业课程，为实践提供坚实的理论基础。

3. 创新实践平台建设

高校教育的内涵就是要培养实践应用型的技能人才，创新创业教育实践平台的建设，也正迎合了这一教学目标。整合多种社会资源，建立各种形式的实践基地，改变了传统教育的模式，提高了应用型高校实践教学的水平。

4. 打造高水平的教学团队

由于专业项目训练课程的多样化和多层次性，应用型高校的创新创业教育的教学团队也需要具备高水平、有实践经验和有扎实理论知识的专兼职结合的教师，专业实践指导教师也是企业、行业的技术专家，这样一支优秀的教师团队，既促进了教师团队的互相学习和提高，也为学生的项目提供了高质量的创业指导。

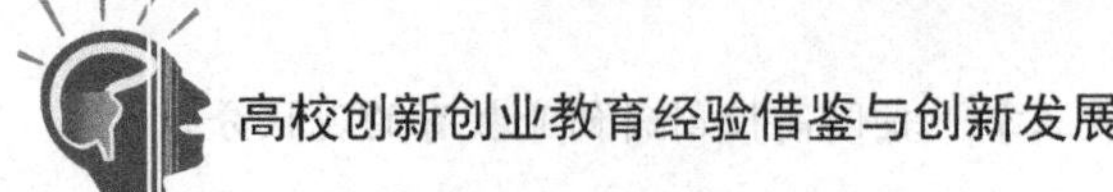

二、现代学徒制培养模式

（一）现代学徒制的优势

1. 现代学徒制的起源

现代学徒制最早于16世纪在英国开始实施并发展起来，此后这种师傅带着徒弟在做中学的职业教育模式就得到了快速发展。欧洲工业革命之前，在以手工业作坊为主的产品生产方式时期，技艺的传承主要是以师傅带徒弟的形式，通过示范、身教、口传、临摹学习、实践等方式进行，个体之间相互的影响非常重要，徒弟通常是依据师傅的范本进行模仿，进而逐渐提高自己的技艺，师傅的能力、水平常常会直接影响到徒弟。徒弟的多少、学徒时间的长短往往根据作坊的生产能力和技艺的难易程度而定，那时没有学校教育的系统性。

20世纪90年代英国开始实施现代学徒制，高校教育中采取校企合作的工学结合教学模式，彻底解决了学校教育与社会企业实践脱离的问题，学校教育中有了企业的参与，实现了招工招生一体化。

2. 现代学徒制的优势

①学制灵活。学校结合企业的实际情况共同制定，一般在3～5年时间。

②分层次培养。一般有基础学徒和高级学徒两种，高级学徒就接近于我们所说的“匠人”标准，注重培养熟练的职业技能。

③课程体系多样化。

④校企双赢。学校能够从学生一半时间的企业实践学习中得到专业领域内较先进、应用性较强的知识，为企业的发展储备了一定数量的高技能的人才资源，缩短了企业培养人才的时间。

⑤工学结合更实用。工学结合的教学模式更适用于对创新创业人才的培养。

（二）现代学徒制对高校人才培养的启示

1. 进行工学结合的改革

高校教育要有开放的办学理念，面向社会，面向企业办学，培养适应市场经济发展需要的工学结合的人才，积极探索人才培养的改革模式。高校不断地健全和完善职业教育的校企合作机制，建立工学结合的互动机制。在知识经济时代，高校和企业共赢发展，才能兼顾双方的利益，工学结合的人才培养模式才能持久地发展。

工学结合、校企合作的高校，要以企业用人需求和产业发展趋势为指导方向，确立学校的人才培养目标，合理设置专业和课程，开展教育教学的改革。高校在应用技术方面的开发、在行业产业方面的科研开发是企业合作办学的一个重要因素，也是吸引企业投资学校教育的一个重要参考因素。加强学校实训指导教师的专兼职师资队伍建设，聘请在行业和区域科研领域、技术应用方面的专家，鼓励这些教师开展科研课题活动，带领学生寻找科研项目，参与到企业的实际生产中，参与企业的技术攻关和产品研发。

2. 制定职责明确的人才培养制度

应用型高校要基于“工匠精神”的“双创”人才培养目标，制定职责明确的人才培养制度，这样才能保证现代学徒制的人才培养模式能够健康、长远地发展，培养出综合素质高的应用型专业技能人才。政府要给予政策上和资金上的支持，要促进校企合作，高校要根据当前社会市场经济、行业企业发展、产业发展的需求制定学徒制的专业领域，加强高校师资队伍的专业教学技能，做好高校专业的教学计划和教学方式，完善高校创新创业人才培养制度。

3. 建立现代学徒人才培养模式

应用型高校要在借鉴国外成功经验的基础上，结合自身的实际情况，建立起一套符合高校的现代学徒人才培养模式。

①培养目标是在学习基础理论知识的基础上，注重培养学生在工作中的实践技能，还要培养学生健全的人格及品德。

②人才培养要采用理论结合实践的方式，提高学生的知识和技术能力。

③现代学徒人才培养的质量评价，要以培养一个综合素质高的技能型人才的标准来判断。

④加强法律保障。

⑤争取政府政策的支持。

三、阶梯式项目培养模式

阶梯式项目人才培养模式，是将创新创业教育贯穿到学生大学四年的学习活动中，一年一个学习内容，共分为四个学习阶梯来实现大学的教育。高校制订完善的培养机制和培养方案，在每个阶段的创新创业教育环节中实施项目驱动，按照不同的教育培养方案培养学生在项目中解决问题的能力，以培养学生的综合素质与创新创业能力为根本目标来系统构建大学生创新创业教育培养机制。

①在整体的培养方案中，在“双创”教育实践基地的训练中采用“阶梯式项目互动”，要使高校教育的师资队伍能胜任这样的工作，还要使创新创业的课程体系服务于这个人才培养的整个过程。学生在每个学年要完成专业基础知识以及创新创业相关理论课程的学习，最终要通过实训项目提升与验证。

②阶梯式项目，是根据每个年级学生的不同情况，每个阶梯学习内容的不同，学习本阶段的核心专业课程，从而使本阶梯内的学习内容能够激发学生学习的兴趣，达到每个年级、每个阶梯对学生创新创业能力的培养。

③阶梯创新创业能力的培养。阶梯“双创”能力的培养，从各个环节中实现。以双创能力培养为核心，从课程设置环节、实践项目驱动环节和项目实施环节三个环节中实现。课程环节为了提高学生的技能水平，采用项目互动方式，在结课环节采用专项的小型项目作为阶段性训练，同时在每个年度阶梯内贯穿一个年度大项目进行最终综合能力的训练。

④在实施手段上可以采用课程设计、创新实践周、年度项目训练、毕业综合设计、竞赛以及企业实习的形式进行，力争分层、渐进地提高学生的综合能力水平。

⑤阶梯式项目驱动的训练方式。对大学生在每个阶梯的项目训练，核心点还是要开拓形式多样的训练方法，针对不同的项目训练，也要采用阶梯式的训练方式。具体的训练方式如项目结课时的作业和课程设计、创新实验周、针对每个年级的阶梯专项训练、各种类型的竞赛等。

第三节　我国高校创新创业教育的未来发展

一、构建和谐社会的需要

创业是创新的动力和目的，是创新的具体实践，是实现科教兴国、人才强国战略的内在要求。党的十八大报告指出就业是民生之本，各级各部门要做好社会青年尤其是高校毕业生的就业工作，激发高校大学生的创业热情，从而带动其社会就业。党的十九大报告也指出要提高全社会包括大学生的就业质量，实现高质量就业，促进和谐社会的发展。

高校大学生创新创业教育是构建和谐社会的需要，其就是要培养大学生的创新意识和实践创业的能力，培养大学生正确的职业理想和职业观念，促进高校教育体制的改革，推动和谐社会的进步和发展，提高大学生创业就业的全面综合素质，使得大学生全面发展。

如果有10%的中国大学生可以自主创业，就能缓解大学生居高不下的就业压力，如果有30%的大学生选择毕业后自己创业，这样大学生创业就可以带动一部分社会就业，有效提高社会创业者的知识水平，从而带动创新型国家的发展。

随着高等教育的大众化深入发展，2016年高校入学率就达到了42.7%，2018年高校入学率达到了48.1%，2019年高等教育毛入学率超过50%，这样的高入学率已经大大超过了中等收入国家甚至高等收入国家的平均水平，进入了高等教育的普及化阶段。高校大学生数量的增加，形成了高校毕业生的就业日益严峻的形势，大学生不仅应该是就业岗位的竞争者，而且还应该成为就业岗位的创造者。

做好高校大学毕业生的就业教育和就业工作，以创新创业教育活动带动大学生毕业后的就业，是努力办好人民满意教育的高校教育目标的体现，可以有效地改善人民的生活，维护广大人民的根本利益，加快健全基本公共服务体系，推动我国和谐社会建设。

二、社会经济发展的必然要求

高校创新创业教育，是当今以信息技术为代表的知识经济和全球经济一体化时代的必然要求。各国家之间、各省市之间以及各企事业单位之间的竞争已经转变为高素质的创新型人才之间的竞争，这就要求我们每个人都要不断地学习来适应高速发展的经济的需要。

高校教育的人才培养目标要与我国社会主义市场经济发展的开放自主、创新法制等的特点相适应和不断成熟完善的市场经济相适应，和不断变化调整的产业结构的发展相适应。未来的社会劳动者不仅具有从业的能力，还要具有职业转换和自主创业能力。大学生就业供求形势发生了变化，就业岗位和就业方式的多元化、就业市场的规范和完善化使得就业竞争更加激烈。

因此，做好大学生创新创业教育，培养综合素质的大学生人才，也是高校创新创业教育教学的重点。高校教育要培养具有渊博的知识、开阔的视野、创新能力的大学生创业者，培养具有创新创业精神和创新创业能力的创新创业型人才，是适应社会主义市场经济发展的必然要求，也是高校教育教学的终极目标。

三、全面深化教育改革的必然趋势

随着当今科学技术突飞猛进地发展、大数据时代的到来，出现了更多潜在的新型产业，出现了区块链、云技术等高科技的行业，伴随着这些行业的出现，新的就业岗位也不断地产生，这些都需要高素质的创新型人才的出现。而高等教育是以提高社会主义劳动者的科技文化素质为目的人，高校是知识传播的中心，所以高等教育肩负起了这个重担，加强创新创业教育，以提高高校大学生的创新创业意识与能力为目标，挖掘大学生的创新潜能，培养大学生敢于创新、勇于创业、开拓进取的个性，实现大学生个人价值和社会价值的统一，是全面深化高等教育教学改革发展的必然要求。

高校创新创业教育，冲破了原来“卖方市场”为特征的就业教育的局限性，转变为现在的“双向选择，自主择业”的就业教育观念，使得高校教育进行教育思想、教学模式和人才培养模式等方面的深化改革，培养更多的适应知识经济时代的高素质的创新型人才，真正贯彻落实科教兴国和人才强国的战略。

四、促进学生全面发展的内在需求

马克思主义思想提出了人的全面发展，主要是指人的能力的全面发展。高等教育也要使人社会化，强调教育要使人适应社会的发展，尤其是作为祖国未来、民族希望的大学生，更要促进自身的全面发展。

高校肩负着大学生人才培养的重大任务，高校教育是大学生人才培养的重要方式，要不断开发大学生的创造潜能，培养他们的创新意识和精神、创业能力、适应环境的能力和求职能力，促进大学生全面发展。高校创新创业教育，就是在培养大学生的基本素质和专业技能的同时，也使大学生的创新创业意识增强，激发创业激情，树立科学正确的职业理想，把造福人类作为大学生职业理想的最高追求，实现合理的职业规划，建立起理性的择业观。

创新创业教育是一个开放式的教育体系，高校教育通过对大学生的全面培养，可以使大学生更好地、更加直观地了解社会，为今后走向社会更好地参与社会工作、做好个人职业发展提供更多的借鉴，同时大学生也可以通过学校的创新创业教育增加自己的创业知识、增强自己的专业技能、提升自己的综合能力。

创新创业与就业教育结合将为大学生自身全面发展提供强有力的保证，给大学生更大的发展空间，是大学生全面发展的有效途径。在全程、全员和全方位的创新创业教育的过程中，大学生提高自己的各方面综合能力，在创业中发现自身存在的问题，有针对性地提升自己，实现自己的职业理想，找到适合自己的职业目标，实现完美的职业生涯发展。

第四章　国外高校创新创业教育的经验借鉴

高校创新创业教育的目的是培育大学生的创新精神，提高大学生的创新创业能力，使大学生掌握创业活动的内在规律和所涉及的关键环节，从而理性地规划自身的职业发展方向。本章分为美国高校创新创业教育的经验借鉴、英国高校创新创业教育的经验借鉴、澳大利亚高校创新创业教育的经验借鉴、日本高校创新创业教育的经验借鉴、新加坡高校创新创业教育的经验借鉴、国外高校创新创业教育的经验总结六部分，主要内容包括：英国高校创新创业教育的课程和活动、日本创新创业教育的经验、国外创新创业教育师资队伍的特点等。

第一节　美国高校创新创业教育的经验借鉴

一、美国高校创新创业教育模式

人们通过各种模式来认识、了解世界，并感受、推论现实中所存在的世界，组织各种现象以使其逐渐条理化，从而对现象中存在的情况进行清晰的解析。模式的目的是使人们对事物和对象有一个形象的把握，这里的事物和对象具有难以观察或过于抽象的特点。在科学研究中，模式是简化或微缩式的对某一过程或系统的表征；在社会学中，模式是对自然和社会现象进行研究的理论图式和解释方案。

美国政府在创新的过程中发挥的作用较弱，美国创新的发展模式是典型的自由放任主义模式，这种模式的特点是以市场为主导。市场力量的驱动和高校自下而上的改革是促进高校创新创业教育发展的主要因素。

首先，新技术和新产业的诞生发展以新知识为前提和基础，美国顶级大学的数目居世界之首，与政府和产业相比，其在知识创新方面的条件和优势得天独厚。除此之外，高校倡导创新创业教育的文化氛围，一个良好的校园氛围可以极大地促进创新创业教育的发展。校园文化可以引导、塑造、培养学生的创业素质，营造点滴渗透的效果；校园文化可以在观念中体现，也可以在学校的制度和物质环境中体现，它可以深入地影响学生的思想行为，还可以诱发学生的某些创业意识。

其次，除了良好的校园文化环境外，高校创新创业教育还受到社会文化环境的影响，主要体现为对大学生接受创新创业教育的积极性的影响。美国社会的创业文化比较深厚，美国文化传统崇尚自由、个性；而且美国具有深厚的移民文化底蕴，美国人受到多元文化的熏陶而产生了一种敢于挑战的创业精神；再加上整个社会对于创业的支持以及对于失败的宽容，美国形成了一个真正的创业型社会。

在美国，大学生打工非常常见，已经成了美国文化的一部分，美国大学生在校读书期间，利用课余时间打工赚钱（半工半读）已成为一个普遍现象。在美国，大学生中约有 54.1%的学生是属于半工半读类型的，尽管打工的时间长短不同，但打工已成为大学生减少家庭负担、经济上逐渐独立的重要手段。半工半读是很好的创业训练，可以让大学生学习和了解现实世界的人情世故，在社会上学习如何与人打交道，在实践中培养大学生的创新创业精神。

最后，美国政府的政策支持。美国联邦政府在过去的几十年里为高校的创新创业教育提供了大量的资金支持，有效地促进了大学生的发展，增加了高校研究成果的“溢出”，有力地促进了大学的创新活动。税收政策这一因素对美国创业投资业的发展产生了极大的影响，创业投资税收激励政策的制定使小企业的技术潜能得到了充分的发挥，从而推动了小企业技术创新的商业化进程。

一般情况下，贷款金额低于 15 万美元的中小企业由联邦小企业署提供 85%的担保；而贷款金额在 15 万～ 200 万美元的中小企业由联邦小企业署提供 75%的担保。此举为大学毕业生自主创业提供了创业资金保障。

二、美国创新创业教育发展的主要支撑及动力

（一）社会各界对创新创业教育的支持

1. 政府对创新创业教育的支持

美国通过立法组织全国力量加强就业、创业培训，充分发挥各州政府的积极性，创立小企业开发中心，实行“小企业孵化”计划，创建创新创业教育教

学研究中心，实施创业计划等。政府对创新创业教育的支持主要表现在以下三个方面。

一是政府相关部门组织研究机构、团队对创新创业教育进行研究，为创新创业教育实践奠定理论基础。

二是制定政策引导、鼓励、支持创新创业教育发展，为创业提供税收等政策优惠。

三是政府为创新创业教育工作突出的高校、创业学生、创业项目提供资金资助。

美国及各州政府制定了一系列科技强国和科技强州的政策，提出优先发展科技的战略目标，加大资金投入，加强研究设施建设，加大人力资源开发等，为高校创新创业教育的开展和科技创新创业提供了外部环境与政策支持，如人力开发与培训法、职业教育法、青年就业与示范教育计划法、就业培训合作法、中小企业技术创新法、公司法、审计法、税法、知识产权保护政策等一系列与创业相关的政策制度。

2. 民间组织对创新创业教育的支持

美国的创新创业教育是市场驱动导向的，其发展以非官方力量的支持为主要支撑保障。20 世纪 90 年代，在马里兰大学和考夫曼基金会的共同努力下成立了全美创业中心联盟，旨在提升目前美国 150 个左右的创业中心的品质，开发创新创业教育合作项目，提供信息共享的渠道，为美国大学创业中心的发展提供合作的平台。美国管理学会创业学部则主要致力于推进创业学博士项目，百森商学院创立了“普莱斯—百森项目”，致力于培养具有创造性和创新性的创新创业教育教师，提高大学的教学和科研水平。除了以上民间组织以外，对美国创新创业教育的发展有促进作用的还有美国高等教育研究协会、创业者协会等。

3. 实业界对创新创业教育的支持

美国很多高校都是通过与相关企业，特别是高新技术企业合作开展创新创业教育的，实践证明这种校企合作的创新创业教育模式取得了良好的教学效果。校企模式主要有以下几种。

第一，企业为高校的创新创业教育提供资金支持，包括为创新创业教育的学术研究、优秀师资、学生提供专项基金。

第二，企业与高校联合开展创新创业教育项目研究，形成产学研一体化模式，帮助学生开展创业，促进科技成果迅速产业化、商业化，提高创业成功率。

第三，企业为创新创业教育提供便利，主要表现为企业为学生提供创业实践基地、实习基地，帮助学生丰富创业实践、提高创业技能。

第四，企业界人士到高校兼任创新创业教育教师，或以与学者合作共同开设创业课程的形式，或以短期讲学和参加论坛的方式，与学生交流他们在创业过程中的一些经验和创业理念，使学生的创业意识和热情得以激发。

斯坦福大学为了达到将创新创业教育、科研与科技产业相结合的目的，常常以低价甚至免费的方式向企业提供基础设施、法律咨询、投资信息等，帮助校友创业，并在企业的成长过程中继续向其提供咨询服务，促进校友创办的企业健康成长。硅谷的企业也为了回馈斯坦福大学，在获得了学校的帮助之后，向学校提供巨大财力支持，以帮助学校提升科研能力、促进人才培养。同时，企业利用其实验室、研究站为斯坦福学生提供实习基地，便于学生了解市场需求和动向，促进其今后的创新创业。

（二）创新创业教育的资金动力

美国创新创业教育的资金主要由直接资金和间接资金两部分构成。直接资金主要来源于各种基金会和私人捐助。一方面，美国涌现了考夫曼基金会、新墨西哥企业发展中心等许多支持创新创业教育和创业的基金会，它们每年以创业计划大赛、论文奖学金、创业项目等形式提供创新创业教育基金；另一方面，私人的捐助也推动了创新创业教育的发展。美国人认为学校的创新创业教育帮助他们解决了创业过程中的难题，将自己创业的成功归功于学校的培养，为了报答回馈学校，很多人选择提供资金支持母校的创新创业教育发展，而支持方式主要以创立创业中心和设立捐赠教授席位为主。

三、美国高校创新创业教育课程体系与教学模式

（一）创业课程的组成

创新创业教育被认为是一种理想的通识教育内容。为所有学生设计的“创业基础”课程能够探索或解释核心文化价值如何体现在广泛的人类活动中，如经济、法律、政策、文化、宗教等领域，探索这些领域如何合作以促进创业成为美国社会的常规活动。美国的本科教育建立在学科的基础之上，不同的学科发展出来的创新创业内容也各具特色，在创新创业教育中融入不同的学科具有广泛的发展前景。创业的实践性本质决定了创新创业教育不可能局限在教师内部。

（二）教学模式注重理论与实践相结合

美国高校招聘兼职教师的现象非常常见，这些兼职教师不仅具有资深的学术背景，还具有一定的创业经验。在斯坦福大学中，学校专任教授和兼职教师共同开设了“创业管理”课程；三位经验丰富的客座教授共同开设了“创业机会识别”课程。任课教师在“创业机会识别”课程中组织选课学生组成商业计划开发团队，还为学生聘请业界资深人士担任顾问，学生在教师的指导下确定商店选址、取名等，这些课程的开展使学生在实际的创业活动中有所体会。由此可见，美国高校非常重视理论与实践相结合的教学模式。

（三）教学方法多种多样

加利福尼亚大学为了培养那些选修创业课程的学生，专门邀请了几十位创业成功人士与这些学生组成互助小组，并针对小组创业计划提出一些建议性意见和指导；百森商学院成立了杰出创业家协会，并邀请创业企业家来校讲座，为学生答疑解惑。斯坦福大学商学院就曾聘任英特尔公司前任首席执行官作为该校的兼职教师，担任一两门课程的讲授工作。创新创业教育中教学方法多种多样，其中，最为主要的是论证、实习、个案研究等。由于资深兼职教师的加盟为美国高校的创新创业教育注入了新鲜的血液，美国高校创新创业教育的实效性得到了极大的增强。

美国的本科教育是围绕学科专业进行的，专业学习的重要性要等同或超过通识教育。专业教学是教育学生知识与技能的最佳途径，专业课程提高了学生分析问题和解决问题的能力。高校的创新创业教育不仅仅局限在课堂，课外教育环境也十分关键。为了帮助学生创业者寻找创业伙伴、获取创业信息，一些高校专门设立了办公室和工作室。同时，学生创业也为校园带来了独特的活力，使校园充满动感，为校园文化增添了丰富而影响深远的内容。

四、美国高校创新创业教育实践

（一）美国创新创业教育内容标准

2004 年 6 月，美国创新创业教育内容标准（CEE）在全国范围内颁布。CEE 主要包括创业技能、预备技能、商务功能三大内容体系。①创业技能：主要包含两部分内容，即创业过程、创业个人特质；②预备技能：成功的创业者必须具备预备技能，它主要包括基础性的商业知识和技能；③商务功能：创业者在企业管理中应当具备的素养。

CEE 发挥指导作用，也是美国创新创业教育课程成功的产物。它以丰富的研究成果为支撑，具备丰富的课程标准，指导创业实践。CEE 可以从基础阶段指导个人的素质和能力，为美国创新创业教育指引方向，以培养更多创新型能力人才。

（二）美国高校创新创业教育课程体系

美国教育界对创新创业教育课程主题始终没有达成统一的意见，对于“创新创业教育该教什么”这一问题的回答大多是“企业家的创新创业精神”。开设创新创业教育课程之初，美国梳理了民众的众多意见，最终总结出了具有深远意义的十大主题，为课程教学模式提供了参考。创新创业教育作为美国校园中发展极为迅速的学科领域之一，多数高校均开创和完善了相关课程体系。就创新创业课程模式来说，主要有三种模式，即聚焦式、辐射式和磁石式。

百森商学院主要采用的创新创业教育课程方式是递进式，三段式和模块化是百森创业创新课程的主要特点。三段式分为入门、加速、定制路径三段过程，用四年时间授课。模块化由五个板块构成，其突出了模块化的特点，并购、融资、连锁经营是选修课程主要涵盖的内容，核心在于使大学生展开思维、洞察商机，准确地把握创新企业的发展规律。

哈佛商学院主要采用的创新创业教育课程方式是平行式。哈佛商学院不强调严谨的层级设计，而是以平行的方式将必修以及选修课程加入选课栏中，学生在选择课程时首先要考虑自己的兴趣，然后再结合实际情况。该种类型的创新创业课程设计有利于学生逐步将创新创业知识和创新创业实践相结合，使得学校将学生的创新创业意识、企业家精神的培养放在了首位。宾夕法尼亚大学沃顿商学院采用递进式的课程方式。

（三）美国高校创新创业教育评价

为了对创新创业教育项目进行年度评估，美国在 20 世纪 90 年代初专门开办了多家杂志。在世界范围内，美国开始进行创新创业教育的时间较早，在国内迅速发展壮大，从而促进了美国创新创业教育评价体系的建立与发展。教育评价的最终目的是提高教育质量，教育评价是在教育目标的基础上，通过科学的方法来对信息资料进行收集、整理和分析，从而对整个教育过程进行价值判断。教育评价的项目繁多，各个项目的划分标准不同，其所属类别也存在着差异。

创新创业教育实践标准可以对创新创业教育的质量进行正确的衡量和监管，使创新创业教育的质量得到保障。创新创业教育实践标准通过教育理念、教育方式和教育效果三个要素来对创业项目进行评价。

第二节　英国高校创新创业教育的经验借鉴

一、英国高校创新创业教育的发展历程

1980 年以来，英国高校创新创业教育发展举世瞩目，治理模式、经济因素、大学组织转型和欧盟区域环境等因素促使英国高校创新创业教育超越传统、实现变革。

青年就业问题作为一个重大的经济和政治问题受到了英国政府的普遍关注。1983 年 2 月，英国有 13.5%的劳动力失业，失业青年占 45%～65%。从 1981 年开始的“青年培训项目”的效果并不理想，受训者再就业率十分低下，而失业率居高不下，1992 年失业率仍为 10%。在就业培训中，英国政府着重强调了自我雇佣的创业培训，激发学生的创业兴趣，增强学生的创业意识，丰富学生的创业知识，培养学生的创业能力，同时，颁布相关优惠政策以鼓励大学生的创业活动。

不断衰退的经济、居高不下的失业率、激增的大学学费等造成了英国政府的巨大压力，在这种情况下，高校发展的环境条件发生了翻天覆地的变化。新工党政府对失业的预防工作尤为重视，鼓励教育和培训，提出“教育，教育，再教育”的口号，把教育置于特别优先的地位，对创业精神和文化进行全面的倡导，为创新创业教育创造了良好的政治环境，促进了创新创业教育的有效开展。新工党政府提出要通过以伙伴关系为基础的市场经济来实现经济的发展，要彻底摒弃过去的一味放纵和国家干预，鼓励工业企业参与高校创新创业教育，并给予一定的支持。

整个社会对创业的持续关注并不是一时流行的狂热，这实际上反映了产业界、新科技以及全球化市场汇聚在一起，创造出一个全新的社会和经济环境，而创业正适应这种新的充满风险和不确定性的环境。在全球化背景下，个人需要具备自立能力、创新精神、合作精神、责任感以及保证技能可持续的能力和应对变化的积极态度。社会需要的不仅仅是义务教育，更需要用高等教育和终身学习来提高劳动者的技能水平。

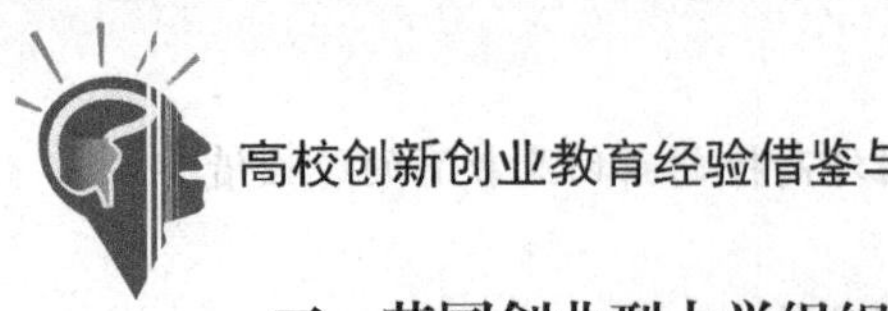

二、英国创业型大学组织模式

一般来说，创业型大学会专门设立创业中心等一些开展创新创业教育的机构，这些机构的职能是：创业教学、创业研究、援助企业创建。其中，创业中心的作用有以下几点：①校内外各种创业项目的开展；②为师生提供与其学科领域相关的创业课程；③使各个学科领域的师生都有机会了解、认识创业活动。与创业中心密切相连的校园孵化器、科学园、研究园为学生提供创业孵化空间、技术支持、资金支持、咨询服务等援助。剑桥大学企业家学习中心的愿景是“普及企业家精神”，其宗旨主要包含以下内容：①对学生进行企业家精神的实践教育，特别是科学、工程、技术专业的学生；②在课堂中尽力采用最好的企业家资源；③通过审慎的资金运作，创造长期的、可持续的、鼓舞人心的学习环境。

创业型大学建立跨学科研究中心，因为成功创业不仅需要工程学的科学知识，还需要心理学等学科的理解与支持。大学的高层管理者全力支持创新创业教育，制定学校的创新创业教育政策，设立创业奖项，鼓励跨越学科边界的教学与科研，鼓励开展与知识生产和应用相关的工程导向活动。

创业型大学大力支持教师和学生创办企业，尽可能激发创业想法，促进创业团队的组建。大学倾向于多部门的共同合作，以增加学生创业实践的机会，从而提高大学生创业成功的概率。

教师帮助学生了解创业者在创业组织中的生活世界，学生可以通过采访或座谈来认识创业者的生活方式。适当的创业技能和知识是通过学习获得的，而不是教师教出来的。企业家精神的获得与实践关键是学生个人。课堂上，教师要脱离传统的功能模式，围绕组织发展过程来教授知识。教师还要让学生学会从与利益相关者的关系中学习，要学生识别在组织发展的每一个阶段创业者需要从每一个利益相关者那里了解什么。企业家学习中心通过让学生学习创业技能和知识来提升他们的自信心和自我效能感，其教学方法重点放在行为表现上。

创新创业教育需要学生具有设计创业型组织以满足不同环境和不同需要的能力。创业型组织设计的指导原则包括建立和加强产权意识、增强自由和独立感并能够直觉判断、鼓励建立利益相关者的关系网络、允许从错误中学习、避免严格划分等级的控制系统、鼓励战略性思考、作为建立信任的基础鼓励人接触等。

三、英国高校创新创业教育的课程和活动

（一）创业课程

随着英国高校对创新创业教育的重视程度不断增加，近年来，英国高校创业课程的比重不断上升。英国各大高校在自身特点、需求人群等方面存在的差异使其开设的创业课程各不相同。例如，诺丁汉大学，该校的创业课程的总体思路依托于创新创业研究中心，在经济理论课程中引入创新创业教育的相关内容，两门学科融合而成的课程内容主要针对经济管理专业的大学生。

剑桥大学创业中心成立以来，创业课程的数量有所增加。开设过的实验课程有硕士企业家讲座系列、虚拟学习网络、新生训练营以及让学生具备企业家才能的课程。但由于在设计、营销和学生管理过程中耗费了大量的资源和时间，这些课程被迫停止了。于是，剑桥大学创业中心将精力集中于“企业星期二”“企业家”“夏令营”等课程或活动。

英国高校通过创新创业选修课的广泛开展来推动创新创业教育的发展。斯克莱德大学开设的创业选修课就是一个典型的实例，该课程以学校的搜寻者中心为媒介面向全体学生，同时，在创新创业教育课程中引入哲学，使创新创业教育课程更具普适性。在MBA项目中，诺丁汉大学、伦敦商学院等纷纷创立了创业选修课，使创新创业教育的普及面逐渐拓宽。

（二）创业活动

“创业活动”具有较强的灵活性，它可以广泛地吸纳学生，同时，它对专业的限制程度较低。“创业活动”的作用主要体现在以下三个方面：其一，激发大学生的创业兴趣；其二，提高大学生的创业意识；其三，发展大学生的创业技能。

在英国，“创业活动”主要指的是课外活动，创业实践活动的主要形式是课程以外的创业活动。商业计划竞赛是一种典型的多校共建的创业活动，该活动具有通用性和广泛性。商业计划竞赛是由邓迪大学、布里斯托大学、伦敦城市大学、朴茨茅斯大学四所大学联合开展的，它的开放具有阶段性，开放的范围包括四所学校的全体学生，活动中商业计划制订的形式有商业理念培训、工作坊等，对于活动中表现优秀的学生将给予相应的奖励。

夏令营是单一大学为主体的创业活动中较为常见的形式，这种创业活动非常重视特定创业能力的培养。相比而言，由学生发起的创业活动在高校创业活动中所占比例较低，活动内容没有固定的形式，具有较大的变化性。斯克莱德

大学开展了口才讲习班、商业比赛等创业活动，为学生提供了实践的机会，帮助学生把课堂中学习到的知识运用到实践中去，从而进行各种技能的学习。

第三节 澳大利亚高校创新创业教育的经验借鉴

一、澳大利亚高校创新创业教育的发展演进

（一）由政府主导向高校自主发展的演进

澳大利亚大学的经费大多数都是由澳大利亚联邦政府承担的。20 世纪 80 年代的经济萧条及社会危机大幅度削减了澳大利亚联邦政府对教育的拨款。澳大利亚政府在 20 世纪 90 年代将市场机制引入高等教育，对学校利用一些非政府渠道获得收入持积极的态度，从而推动高校在市场竞争中的自主发展，以促进高等教育的自主发展。在创新创业教育的自主发展过程中，澳大利亚高校与公共研究机构的合作不断加强，与新企业的合作不断融洽。

（二）创新创业教育课程体系的演化

澳大利亚创新创业教育课程最初的适用对象仅仅是那些进行经营准备的小企业。根据学员的具体情况来制订小企业创新创业教育的课程内容，其训练方式主要为接近“实际”的模拟式。澳大利亚政府为了与高校创新创业教育的健全发展相配合，积极推行创新创业教育，进行课程结构改革，并开发出四套模块化教材，这些教材具有灵活性和层次性的特点，着重培养学生的创业能力。每套教材的教学模块都具有独立性，学生可以以自己的兴趣为依据并结合实际情况来选择课程单元，使形成的创新创业教育课程体系较为丰富和完善。

（三）创新创业教学过程的演变

中小企业的创新创业教育是澳大利亚创新创业教育的主要对象。40 岁以上的人是世界范围内参与创新创业教育的主力军，很多成年人通过发达的继续教育可以参加培训和接受再教育。一般采用针对性较强的短期学习班的教学方式，在制订创新创业教育的学习内容时要重视中小企业的具体要求，通过课程的学习增强中小企业解决经营中实际问题的能力。随着澳大利亚创新创业教育课程逐渐在各大高校开展，澳大利亚高校在创新创业教育的教学过程中采用的教学组织形式越来越灵活而实用，在教学中多运用一些成熟的教学案例。在教学中

应用启发式案例可以启发学生的思维，激发学生的激情，发挥学生的创造精神。此外，澳大利亚高校在进行教学时，针对不同层次、不同模块的创新创业教育课程采用的教学方式也有所不同。

二、澳大利亚高校创新创业教育的特色

（一）优良的创新创业教育环境

澳大利亚高校在开展创新创业教育的过程中，高等教育的优势不仅为其顺利开展奠定了基础，还营造了优良的创新创业教育环境。主要表现在以下几点。

①教学水平高超、学术科研力量雄厚是澳大利亚高等教育闻名于世的主要原因，与此同时，澳大利亚高等教育的教学资源也是极为丰富的。

②变化多样、极具特色的课程设置。

③灵活、创新的教育手段，激发学生的创新意识。

④多元文化教育，来自不同文化背景的师生之间可以进行积极的沟通和交流。

高等教育的这些优势提供的丰富资源促进了创新创业教育多方面的发展，包括教学、师资、多元文化教育等，良好的创新创业教育环境有效地促进了澳大利亚高等教育的迅速发展。

（二）多元的学校支持体系

澳大利亚大学的技术转让和商业化机制有以下三点作用：其一，使学校的创新能力有所提高；其二，为新企业的创建提供了便利；其三，提供了技术和商业支持以开展创新创业教育。科研成果的技术转让和商业化受到了学校管理层和各院系的大力支持，教职工、学生等的创业活动也得到了校方的大力支持，并且鼓励他们培养创业精神和能力，让他们共同努力、相互配合，共建新企业，学校支持体系的建立为其提供优质的服务。学校在对外联系和交往过程中会安排足够的运行经费，或者进行直接的参与，对技术商业化项目进行投资介入。

（三）层次化的创新创业教育模式

在以高校创新创业教育课程内容为依据探索澳大利亚高校创新创业教育模式的过程中，王景坤总结出了高校创新创业教育模式的发展主要遵循以下三个路径：一是专业模式，该发展路径以普通大学创业学学科建设为主要目标；二

是普及模式，这一发展路径的主要任务是培养大学生的创业能力，提升大学生的创业素质；三是培训模式，这一发展路径的主要目标是使学生的就业面得以拓展，特别是技术与继续教育学院的学生。大学生的发展轨迹受到其类别的直接影响，并以此为基础形成了三种不同的创新创业教育模式，使大学生的潜能开发更具层次性。

（四）独特的中小企业创新创业教育定位

澳大利亚的经济以中小企业为生命线，同时，中小企业还提供了大量传统的就业机会。中小企业的创新创业教育在澳大利亚高校中十分受重视，在创新创业教育内容和课程中体现得更为突出。澳大利亚高校创新创业教育的主要内容有：①创业风险；②领导与管理；③创新与创造；④创业市场营销；⑤新企业风险；⑥创新与创造。这些创新创业教育内容在中小企业的创新创业教育中突出体现，其中，领导与管理部分的教学内容涵盖了对中小企业各个方面的管理。

三、澳大利亚创新创业教育对我国的启示

（一）开拓创新

现如今，全球经济飞速发展，作为推动经济发展重要动力之一的中小企业，为经济发展做出了重大贡献。中小企业在澳大利亚高校创新创业教育课堂中备受关注，借鉴澳大利亚的这一经验，在中国对那些还在发展阶段的中小企业进行创新创业教育，不仅可以促进创新型国家的建设，对我国经济社会的发展也具有深远的意义。

（二）培养创业意识

澳大利亚创新创业教育对中小企业的创新创业教育非常重视，除此之外，在澳大利亚创新创业教育课程中，创新与创造力也是其核心课程单元。开设这一课程单元的目的是使学生的创业潜能得到深度的挖掘，从而有效地培养学生的创造和创新能力。正因如此，只有将创新和创造教育有效地渗入创新创业教育教学中，才能实现创新创业教育的跨越式发展。创新创业教育不仅要激发学生的创业意识、提高学生的创业能力，还要培养学生的原创精神。

（三）彰显特色

澳大利亚高校具有完善、特色鲜明的创新创业教育课程体系，课程体系大

多采用灵活的模块化课程。我国的创新创业教育以澳大利亚健全的课程结构的经验为依据进行课程体系的构建，在进行课程教授时要注意层次和模块的划分，还要重视与实践的结合。此外，澳大利亚创新创业教育模式划分的主要依据是学生类型。澳大利亚创新创业教育模式主要有三类：专业模式、普及模式、培训模式。借鉴澳大利亚高校对创新创业教育模式的分类，我国依据学生类型或教育对象对创新创业教育模式进行了合理的分类，在进行分类时不仅要结合实际情况突出侧重点，还要结合高校情况进行分类指导。

第四节　日本高校创新创业教育的经验借鉴

一、日本高校创新创业教育的理念

真正的创业过程并不像虚拟的那样简单，而是很残酷的，处处暗藏风险。模拟企业无意中回避了风险这个非常重要的因素，而应对风险的挑战精神是企业家必备的素质。

日本创业教育以大学风险企业创设作为突破口,通过“创业教育激励计划”（Entrepreneurial Stimulation Project，ESP）平台整顿学校环境，ESP 的最终目标是整顿学校环境、构建三维体系，为创业家的培养提供有利的环境。构建这一体系的突破口是大学风险企业创设，平台是创新创业教育激励理念。这一体系中包含了五个辅助系统：①学生创新创业教育；②社会力量；③大学校园指定空间；④数据库资源和信息网络；⑤提供服务网络。这五个辅助系统相互交叉共同构建了这个三维体系，大学风险企业就是其中间交叉的部分，创业软环境就是围绕大学风险企业的五个辅助系统。

这五个辅助系统在发挥作用时是相互平行的，不存在时间上的先后顺序。五个辅助系统之间相互配合、沟通，使资源利用的有效性不断增加。ESP 理念为课程设计和活动开展提供了一个基本的模型，这一模型基于官产学密切配合的支撑体系，产学合作、官产学互动不仅是创新创业教育的动力，也是其实质内容的展现。

二、日本创新创业教育的支撑体系

日本创新创业教育的发展与社会各界对创新创业教育的支持是分不开的。

日本政府和产业界为高校创新创业教育发展提供了重要的支撑。此外，一些非官方组织，如创业协会等也是日本创新创业教育得以发展的重要支撑力量之一，日本社会各界形成了一个创新创业教育支撑的网络体系。

在日本，创新创业教育被上升为国家发展的重要项目，从国家战略高度支持、鼓励创新创业教育发展。日本政府良好的支持是日本创新创业教育发展的动力，其中包括政策的扶持、资金的援助等，例如，日本实施了《创新25战略》。这项战略中明确提出国际竞争的主流将变成知识和智力的竞争，要积极营造能够发挥个人能力的机会。创新创业对经济的发展具有积极的促进作用，创新创业是创造新价值的有效途径；创新创业是提高生产力的有效途径；创新创业也是保证经济持续增长的有效途径。这种情况下，政策关注的重点自然而然地成了大学生创新创业教育。在日本创新创业教育发展的过程中，企业的作用是不可替代的。企业经常以主动的姿态出现在大学校园里，根据企业内实际的人才需求情况为学校提供一些具有现实意义的意见和建议，并与高校合作共同开发创新创业教育的相关课程和教材，同时，设计创新创业教育的人才培养方案，为大学生提供风险基金，帮助其对自己所提出的具有潜在盈利空间的创业计划进行启动创业。此外，非官方组织对创新创业教育的支持与贡献也是不可忽视的。如高校通过利川校友网络、非营利机构、地域性企业支援机构等网络资源，成功对接学校、企业、社会三方面。

三、日本高校创新创业教育的课程模式

日本创新创业教育的课程可分为三类。第一，作为MBA课程的一部分。日本的大学，参照国外的教学规划，最先从MBA学科开始实行创新创业教育。在22所大学中，16所在MBA课程中开设创新创业教育及风险论课程，相关课程有37门。然而学生必须回到原来的派遣公司，MBA有可能无法完成狭义上培养创业家的任务。第二，作为MOT（Management of Technology）课程的一部分。理工科的专门人才不仅要掌握技术，还要知道作为管理者应如何革新。有8所大学在MOT课程中开设创新创业教育及风险论课程，相关课程有14门。第三，面向本科生，作为职业发展和人格培养的环节。自己规划未来、采取行动并承担责任是典型的创业行动所必需的素质。这些素质不只限于创业者，企业也需要具备这些素质的优秀人才。有8所大学在本科生课程中开设创新创业教育及风险论课程。创新创业教育的授课内容重点是财务会计和资金筹措、销售战略、专利和知识产权战略、法律事务等。例如，横滨国立大学是企业家精

神涵养型的代表；信州大学是创业技能专业型的代表，以培养创办企业的辅助技艺为主；庆应义塾大学以培养学生的商务策划能力为主；立命馆大学是创业家专门教育型的代表，以培养学生的动手能力为主，注重产学结合。

四、日本高校创新创业教育的实施途径

（一）创新创业教育讲座

从创业讲座面向的对象来看，52%面向MBA，20%面向MOT，28%面向本科生。所采用的教学手段也是多样的，包括创业精神和技能的课程讲授、创业成功者经验论坛、实例研究＋小组讨论、创业计划制作＋演习、指导、企业见习制度等。在创业家养成的讲座内容中，“风险企业是什么”“创业计划的做成”“实例研究”“经营战略”“营销讲义”的实施率比较高。

（二）创业实践实习

实习是学生接近企业的一种重要方式，是学生实现创业梦想的关键一步。随着时间的推移，大学实习的实施率呈现上升的趋势，高专的实习率远远高于本科的实习率。有数据显示，高专和本科的实施率分别为90.5%和46.3%。大部分学校在开展创业实习活动时常常将实习活动与实际问题联系起来，使学生的实践能力得到有效的锻炼，几乎所有高校都很重视基于实例分析的小组讨论。

（三）创业计划竞赛

为了对高校创新创业教育的效果进行检验，日本专门开展了创业计划竞赛。可以通过创业团队在创业计划制订过程中的表现来检验参与者创业素质的高低。在创业竞赛方面，早稻田大学最为著名。早在1998年，早稻田大学就开展了创业计划大赛，创业计划大赛的开展可以帮助创业者逐步地完善其创业构思，同时，创业者也可以通过大赛寻找合适的合作伙伴。早稻田大学还开设了风险论坛，征集和选拔具有创意的创业想法。

（四）国际合作交流

20世纪90年代初，日本将“创办和改善你的企业”项目引进私立大学，这一项目为社会人士提供了培训的机会，也为企业的发展带来了光明的前景。国际创新创业发展协会是由参与创业竞赛的专家学者、法人团体、企业人士组成的创新创业教育推进组织，日本是参与国之一。协会通过全球性的交流活动，

建立一个足以成为全球焦点的整合性创新创业平台。日本非常重视与国外大学的校际交流，在创新创业教育方面，与美国的哈佛大学、中国的清华大学等知名高校开展合作，学习先进经验。

五、日本高校创新创业教育的实施

（一）创新创业教育课程

日本高校创新创业教育发展参差不齐，各个高校教学资源存在着差异，所以形成的创新创业教育课程体系各具特色。在日本已开始实施创新创业教育的高校中，各类相应课程共开设了928门，其中，有523门课程面向本科生。从开设课程的内容看，创新创业教育课程可以分为两大类，即创业知识类和创业实践类。

1. 创业知识类课程

创业知识类课程主要包括：关于企业家基本素质和个性特征的课程，如企业家的心理素质、思维方式、行为特征等；金融财务知识课程，如“筹措资金的实务知识”“企业会计”“金融市场与资本政策”等；法务知识课程，如“知识产权及其应用战略”，“有关税务、劳务、法务的实务知识”等；与企业内部运作有关的知识和技能课程，如创业策划、资产管理、成本控制、产品开发、市场营销等。这五类课程不是独立存在的，是通过模块形式围绕创业过程有机联系在一起的。

2. 创业实践类课程

约30%的日本高校开设的实践型课程能够让学生亲自参与，约20%的日本高校开设有关商务沟通、商务渠道拓展等方面的课程。除此之外，大多数的日本高校还开设了创新创业讲座，这些讲座的设定分为定期和不定期，聘请有创业经历者对自身的创业案例进行分析，与学生面对面交流，为学生传授创业经验。

（二）日本创新创业教育的师资情况

在创新创业的师资配置上，日本高校大多数为全职教师，只有小部分为外聘教师，难以满足创新创业教育的实际需要。日本创新创业教育教师中有50%是从事经济管理学科教学及科研工作的，约37%的教师是理工专业出身。其中，创新创业教育教师由聘请的校外业界人士担任的高校约占30%，这些校外人士具有丰富的创业经验，如会计师、企业经营顾问等。

六、日本创新创业教育的经验

日本政府对大学生的自主创业活动一直持积极鼓励的态度，日本政府倡导培养大量的自主创业者，创造力和竞争力是自主创业者必须具备的能力，同时，日本政府还要求各教育机构对学生创业创新意识及领导力的培养具有终身性、连贯性，希望他们建立的企业不仅新型、全面，而且具有良性发展能力。

从整体上看，日本政府部门、民间经济团体都鼓励大学生创业，而且其还为大学生创业提供一定的税收减免政策与风险资金支援。现阶段，选择自主创业的大学毕业生屈指可数，求职就业仍然是大多数毕业生的第一目标。一些人认为，日本应届大学毕业生具有起步时间早的优势，因而他们对经营上的失败和风险更容易接受。这部分毕业生在自主创业方面的热情极高，然而，这只是一小部分毕业生的想法，更多的应届毕业生还是愿意做一个普通的上班族，他们认为自己缺乏实际经验，而且解决资源短缺等现实问题的能力还有待提高。

时至今日，精英云集的大型企业是日本经济领域新动向、新事物出现的主要来源，优秀的人才资源和管理体制是这些新动向、新事物出现的有利条件，而且与大型企业团队出众的配合共同形成了强大的合力，可以承担一定的风险性。换句话说，对创业公司来说，其优势和强项就是深厚的底蕴和积淀。眼光独特、战略性强的创业者，常常可以提出非常具有发展前景的创意，然而，难以获得得力的创业资本的支持。再者，在发放贷款等支援方面，金融机构也是比较保守的，除此之外，在贷款时，大多数银行要求提供担保或个人保证，这也是让创业者们非常苦恼的。

第五节　新加坡高校创新创业教育的经验借鉴

一、新加坡创新创业教育的发展主体

（一）政府——创业资源的支持者

新加坡的高等教育国际化战略诞生于20世纪90年代，新加坡政府对教育的发展非常重视，投入了大量的资金去支持教育体制改革、国际化课程体系建立，为本国吸引了大量优秀的国际人才。新加坡政府对高等教育的发展也非常

重视，每年发展教育业的经费占国民生产总值的3%～4%，新加坡政府对教育的资金投入在政府所有财政支出中占到第二名。新加坡大力鼓励新兴产业的发展。

（二）社会机构——创业氛围的营造者

为了推动经济的可持续性增长，创造更多的就业机会，新加坡成立了经济发展局。受到经济发展局的影响，新加坡经济发生了翻天覆地的变化，由原来的“技术密集型”转变为“技术、知识密集型”，从而创造出良好的外部氛围和机会来服务于创新创业教育。例如，营造投资的理想地点，加大招商引资的力度，发展多元产业形态等。在新加坡，不断发展的经济使创新创业教育越来越受到关注。

（三）高校——创新创业教育的实施者

十多年来，随着新加坡创新创业教育的发展，一套完整、系统、国际化的体系逐渐建立了起来，该系统覆盖小学、初中和大学，而且取得了优异的成绩。学校在小学阶段通过一些游戏寓教于乐，对学生的商业意识进行培养，例如“虚拟股份”；学校在中学阶段则将企业管理知识课程引入学校课程之中，到了大学阶段，则开设创新创业课程，鼓励大学生创业。

二、新加坡创新创业教育的国际化策略

（一）课程的国际化

新加坡政府邀请国外的11位专家共同组成国际专家小组，国际专家小组以其资深的专业性对大学课程提出建议，梳理、分析这些建议，并以此为基础对教学课程进行调整和改革，运用学分制设立基础宽学科，并开设大量国际性的课程，从而适应国际化的要求，使新加坡向着“东方波士顿”的目标迈进。新加坡国际化实践平台是创新创业教育实践功能的承载者。

（二）师资队伍的国际化

新加坡高校对教师的引进、培养和国际流动非常重视，新加坡与发达国家共同构建一个世界一流的国际化师资队伍，从而创造开展创新创业教育的有利条件，最终实现培养“全球思维人才”的目标。在新加坡，大量企业界和学术界精英汇集在创新创业教育师资队伍中。新加坡高校设有国际交换生，这些交换生有的去国外的知名大学学习，有的去各类知名创业型公司实习，国际交换

生的设立使培养的人才更具有国际化视野，更具有国际化思维。

三、新加坡创新创业教育对我国的启示

在进行创新创业教育时，新加坡的做法包括：运用“海外学院”模式；教学体系的校外评审制度；创新创业教育的提升由政府助推；灵活的教育途径等。借鉴新加坡的这些做法并结合我国创新创业教育的国际化发展提出了如下几点启示。

（一）建立国际化战略联盟

“跨国办学”模式是新加坡最具特色的创新创业教育模式，这个模式的主要内容有：①建立海外学院，推行全球化教育战略，通过战略伙伴关系的建立来争取更多的教育机会、研究机会；②建立海外教育和研究机构，加强与国际伙伴的交流合作；③竭尽全力加入全球知名网络。新加坡国际化战略发展模式对我国的启示如下：①积极加入国际发展行列；②建立全球化战略联盟；③培养高素质、高水平的国际化综合型人才。

（二）加大政府投资额度

新加坡政府的全方位投入促进了创新创业教育的发展，例如，新加坡的创新创业教育具有以下特点：①教育投资大；②政策延续性强；③经费效益高；④教育投资受到全体国民的重视。这些特点为新加坡创新创业教育的软硬件发展营造了良好的外部氛围，使创新创业教育朝着国际化的道路迈进。借鉴新加坡政府支持计划的经验，我国在创新创业教育方面应当做到：①加大投资力度；③为创新创业教育发展提供可持续性支持，成立创业研究中心；④培养学生和教师“走出去，引进来”的意识。

（三）引入校外评审制度

校外评审制度，即对研究和课程质量的评价由聘请的校外专家进行，校外评审制度可以使学术研究与课程质量和标准得到有力的保证。通过横向比较、国际比较使课程教学的视野得到进一步的拓展，促进了课程教学质量的提高。我国应该引入第三方教学评估体系，对课程教学的优缺点有一个更加客观、更加真实的把握，从而改进和完善课程体系设置、教学方法等。

第六节 国外高校创新创业教育的经验总结

一、政府需要在创新创业中发挥主导作用

在创业实践中，每一方主体都是网络格局中的关键一环，没有绝对的网络中心，这是当下互联网时代的新特点。但是，政府依然占据主导地位。政府需要统筹各方力量，整合多种资源，发挥自身优势，优化创新创业教育，进而培养大量的创新创业型人才，推动国家经济的持续稳定和繁荣。

通过对以上几个国家的创新创业教育的实践研究，我们可以发现，各个国家的政府有相似性的行动路径。

首先，政府的教育部门通过设立相关的创业机构，带动了整个社会的创业氛围，同时举办各种创业活动指导社会各方力量积极参与创业实践。比如，英国的大学生创业委员会负责全国的创新创业教育，同时连接高校与地方，为创新创业教育提供决策参考。美国的创业中心通过分析社会的经济走向、所需要的专业人才，为高校创新创业教育出谋划策。

其次，政府通过颁布相关的法律、政策来支持创新创业教育实践。英国主要由四个部门（教育与技能部、贸工部、财政部和首相办公室）制定与创新创业有关的政策和法律。美国和新加坡颁布了许多税务减免的政策，鼓励中小企业的发展，也在整个社会上营造了一个亲商环境。许多重视创新创业的国家都把培育创意和创新文化、繁荣创业精神作为一项长期的策略方针。

最后，政府还通过各种基金补助创新创业型企业，扶持中小企业的发展。例如，英国政府设立了各种基金，如英国王子基金、新创业奖学金、凤凰基金等，为青年创业者提供资金支持。

二、高校是创新创业型人才培养的主阵地

教育工作主要是由高校开展的，高校在创新创业教育中扮演着不可替代的角色。各高校还在原有的基础设施上，加强创业孵化器、创业辅导机构的建设，同时通过网络平台加强与校友、创业企业家的联系等。

高校在创新创业实践中的具体行动路径总结来说有以下几点。

第一，从美国和英国的实践中可以看到，许多知名大学开始向创业型大学转变或者在学校中开办创业学院。创业型大学的办学理念是要求将知识转为技术，把技能转化为生产力，大学的任务不再止步于学术研究的成果，而是强调

最终要学以致用，将学术界与产业界结成伙伴关系。同时，创业型学校形成了一种宽松自由、鼓励创新的创业文化环境，美国的惠普、雅虎都是在这样的环境中创办起来的。创业型大学除了以创办企业为目的外，更重要的是培养学生的开拓性、创新性和进取性的创业精神，这对个人的成长来说是终身受益的。创业型大学中较为成功的当属美国的斯坦福大学和麻省理工学院。

第二，国外的许多高校开始将创新创业课程纳入学分制的课程体系中，使创新创业课程从原来的辅修课程变成现在大学生和研究生的必修课程，从最早是管理学院和商学院的课程成为所有专业学生都可以选修的课程。并且，世界各大高校的创业课程内容与专业结合得更为紧密了。针对不同学科开展不同学科的创业课程，无论是工科还是艺术类院校，都可以通过本专业的创业来实现自我价值。当然，在创新创业教育中，教学方式也越来越灵活多样。课堂上不再只是教师单一地传授课堂知识，而是通过师生互动来实现参与式的课堂学习。教师在课堂上教授成功和失败的案例，与学生共同分析，让学生从中得到经验教训。此外，学校还会邀请创业者、企业家为学生讲授他们的创业过程，与他们分享自己的创业故事，每个学生都能从中得到自己创新创业的感悟。

第三，各个国家的高校都为学生创新创业提供了丰富的资源。美国的高校利用硅谷带来的资源，如以硅谷工业园区的创新企业为实习基地，让学生了解市场的最新动态和技术需求，为今后的创新与创业打下基础。许多高校利用网络资源，为学生提供创新创业教育的素材和网络模拟练习的平台。在互联网信息共享的时代，通过网络，教师和学生都可以足不出户地获取各个国家最好的创新创业资源和素材。这对学生将来的创业实践是一笔宝贵的财富。美国大学的创业中心和孵化园也为学生提供了丰富的资源，除了提供创新创业教育外，创业中心和孵化园还开展了多种多样的创业实践活动，以开阔学生视野、锻炼学生意志。此外，创业中心和孵化园还为创业的学生和新创企业提供咨询与帮助，共同解决创业初期的问题。创新创业教育的资源中还有一个必须提到的就是校友资源，通过互联网络连接世界各地的校友，充分利用校友的人脉资源，创业者可以获得更多的讯息和机会，也可以获得更多职业的资源支持，从而获得更大的成功。

第五章　高校创新创业教育与人才培养

高校创新创业教育人才培养的改革与创新是知识经济时代发展的要求，结合学生个人未来发展和社会发展的需要，探索创新创业教育人才培养的改革与创新模式，是当今高校教育教学改革的重中之重。本章分为高校创新创业教育人才培养现状与影响因素分析、高校创新创业教育人才培养的模式创新两个部分。主要内容包括：分析创新创业教育人才培养的现状，从学生、高校和教师三个方面分析人才培养的影响因素，基于“互联网＋”的创新创业人才培养模式创新等。

第一节　高校创新创业教育人才培养现状与影响因素分析

一、现状

（一）大学生创业园建设如火如荼

大学生创业园是高校大学生和社会沟通的桥梁，是高校高素质人才培养和科技成果的互相转化，为培养大学生的创新创造能力、社会实践能力、自主创业能力和成功就业能力等四种基本能力打下了基础，为大学生了解社会、最终服务于社会提供了有效载体。大学生创业园以培养务实创新的高素质应用型人才为目标，重视学生四种基本能力的培养。

高校的创新创业教育起步较早，建设了一批大学生创业园，通过制订创业学生个性化培养方案、推进创业导师队伍建设、完善创业公共服务平台建设等有效措施，创业孵化体系日趋完善，创业孵化能力也有了很大提高，在引导大学生进行科技创业实践、培养创新创业人才方面取得了显著成效。高校成功孵化了一批大学生创业企业，为学生就业创业、创新人才培育、科技成果转化等提供了广阔的发展空间。例如，北京高校大学生创业园（软件园）于2015年成立，主要的创业项目是软件及信息技术服务业和通信IT行业，重点支持的创业项目是“互联网+”大学生创业项目。截至2018年10月，中国“互联网+”大学生创新创业大赛已经成功举办了4届，大大地推动了北京高校高素质人才的培养。

（二）创业教育学院建设方兴未艾

高校创新创业教育的另一个现状就是顺应高校教育发展的需要，全面贯彻落实国家的政策和号召，组建了相当数量的创业教育学院，以培养高校创新创业的高素质人才为目标，培养学生的创新创业意识，提高学生的创业素质、创新创业能力和社会竞争力，给有强烈创业意愿和创业潜质的学生提供了更好的创业环境。例如，浙江商业职业技术学院成立了创业教育学院，西安电子科技大学在2016年就成立了创新创业学院，南京财经大学也早于2003年成立了职业发展与就业协会，武汉理工大学创建了大学生职业发展与创业教育创新实验区。

①教学功能。创业教育学院是高校独立的教学组织，开发高校各年级学生的创新创业的专业设置和课程体系，具有教学的功能，参加高校教学系统的工作会议，是高校教学工作委员会中的重要一员。

②创业教育学院还对大学生创业园进行管理，对其进行指导性的服务工作，也负责高校师资队伍的建设，和校外组织联系，具有创新创业专项研究的功能，更好地推进创新创业教育的系统化和全面化。

（三）创新创业人才培养质量初步得到认可

我国高校创新创业经过多年的改革发展，培养出了一批自主创业的毕业生，自主创业还带动了区域发展的就业，也为企业培养出了一批高技能的人才，高校的人才培养得到了社会和企业的认可，也为社会发展和科技进步做出了贡献。

二、影响因素分析

（一）学生

1. 文化课基础薄弱

高职学生普遍存在文化课基础薄弱的现象，特别是数学、英语等基础学科更为严重。基础学科的薄弱影响了学生深入学习的能力；作业完成的深度、广度较差；某些较难的课程的出勤率偏低，上课的配合度也较低；影响了教师授课的深度、广度，案例讲解的全景度等。

2. 主动学习能力差

高职学生普遍存在积极主动的学习能力较差的现象，求知欲非常薄弱，不愿意对问题进行深入研究，浅尝辄止、敷衍了事，有些学生学习仅仅是为了应付考试；学习的情绪化较强，对感兴趣的东西学习积极性较高，对不感兴趣的东西不愿意学习，表现为学习动力不足，甚至翘课、翘考。

3. 团队合作精神匮乏

高职学生基本上是“00 后”，这个群体独生子女较多，他们普遍缺少尊重意识；他们的个人主义、自我意识比较严重，普遍缺乏团队合作的精神、团队奉献精神；由于互联网的影响，他们的网络沟通能力较强，但是实际沟通能力较差，沟通技巧匮乏。

4. 怀疑精神和创新能力较强

“00 后”学生是伴随着互联网成长的，互联网已经全面嵌入他们社会生活的方方面面，对他们获取知识和人际交往有着重要的影响，他们对外界事物的认知开放性更高、怀疑性更强、好奇心和求知欲更浓烈，这些特性导致他们更有主见、更不受束缚、更喜欢创新。

高职学生的特点决定了传统的“填鸭式”教育是行不通的，纯理论教学收效甚微，必须转变知识传递方式，创造一种我们所谓的“懒人模式”，即高深的知识通俗化、易懂化、易记化，甚至带有一些娱乐化；教学过程学与做相结合，学与思相结合，学与问相结合，实现抽象的知识形象化、可操作化。

（二）高校

1. 偏重于理论教学

高校的教学模式大部分仍然是理论教学为主，“理论课＋实训课”是日常教学的主要模式，部分院校开设企业实训课，但是实训时间较短；“填鸭式”教育仍然是主要教育方式，被动式学习导致学生的学习主动性较差。

2. 实习实训不完善

部分高校的实训设备较少，实训课时比例偏低，不能满足实习实训需求；实训课程设计内容陈旧，不能与时俱进；实训内容可操作性差，不能满足学生

的操作技能需求；实训内容与实际工作情景不符合，导致理论与实际脱节。

高校人才培养模式改革的重点是教学过程的实践性、开放性和职业性，实验、实习、实训是三个关键环节。因此校内的实验、实训和校外实习，是把工学结合的人才培养模式落到实处的重要保障。由于工学结合人才培养模式的实施条件相对短缺，相当一部分高校现有的人才培养模式仅停留在“工学结合”表象上，未真正体现出“工学结合”的人才培养模式的要求，更谈不上创新构建具体的人才培养模式。其中校内外实习实训没有落到实处是主要原因之一。现状是很多高校专业实践教学条件尚不完善，校内外实训、实习大多流于形式，专业教学仍然停留在理论教学层面，导致学生实践机会少，动手能力差。

校内实训投入不足。由于高校办学经费来源相对单一，经费不足，加之多数高校近几年不断扩招，学校有限的资源主要用于教学楼和学生宿舍楼的建设，很多高校目前债务较重，苦不堪言，对实习实训投入较少。而且各校实训室建设发展不平衡，共享性差。部分高校非主打专业的校内实习实训室（基地）几乎为零，导致高职院校“工学结合”的人才培养模式的落实大打折扣，甚至无法实施。

校外实践教学基地数量少。校外实习实训基地是高校专业人才培养进行实践教学的重要载体，是提高教学质量和增强学生实践能力的根本保证，是学生在校期间接触社会、了解行业、认识企业的重要平台，也是校企合作、产教融合的基础。随着高校招生规模的不断扩大和企业类型及结构形式的变化，校外实习实训基地建设面临着一些困难。我国不少高校未设立与企业沟通交流的专门机构，校外实践教学基地主要是靠专业带头人和专业教师的社会关系联系临时的实习、实训单位，校外实践教学基地少，不能形成长期稳定的校企合作关系，更谈不上产教融合。

3. 企业实训内容偏少

校企合作单位较少，校企合作单位在“质”和“量”的层面都不能满足高校校外实训和顶岗实习的需求；企业实训时间较短，不能做到学生的全覆盖；实训内容偏少，不能涵盖主要技能要点。

校企合作是一种以社会需求为导向，利用学校和企业两种不同的教育环境和教学资源，校企共同参与人才培养过程的办学模式。企业是高等教育的直接受益者，但企业往往基于成本等因素考虑，主动参与高校人才培养的动力不足，加之部分高校主动适应市场的意识不强，校企间合作更多的只是停留在协议层面上。校企合作协议签了不少，但合作内容不实，宽度不够，力度不强，顶岗实习、毕业实习单位少且合作关系不稳定。

4. 课程建设水平较低

课程内容较为陈旧，“新知识、新技术、新工艺、新方法”尚未涉及，特别是案例部分不能及时更新；课程内容实用性不强，理论部分过深、过难，容量过大，缺少对应的职业技能训练内容；课程结构不合理，理论与实践衔接不够紧密，实践教学得不到有效落实；精品资源课程建设远远不能满足高校的发展要求，亟待建设一批符合行业发展趋势的精品资源课程；在“互联网+”“供给侧改革”等背景下，课程改革要紧跟时代步伐，做到与时俱进，适应新形势、新业态的发展。

5. 高校就业渠道较少

大学生就业渠道基本是企业招聘或学生自己找工作，类似企业“订单班”“校企合作班”只能满足部分学生群体的就业需求，导致了大学生就业对口率较低。高校学生的就业平台偏少，基本上是中小企业，大部分从事一线技术工作，工作强度较大，薪资起点较低。

高校应该加大基础设施建设力度，加强实训室建设，完善精品课程建设。在创业领域，学校在制度、资金等层面要积极引导和鼓励学生和教师创业，学校将成为学生和教师创业的“孵化器”和“助推器”。

（三）高校教师

1. “双师型”教师比例不高

高等教育人才的培养目标是培养高端技能型人才，要求高校教师必须持有职业资格证书，具备“双师”资格，目前高校“双师型”教师比例不高。高级职业资格证书，如高级电子商务师、高级物流师、高级人力资源管理师等的持有率偏低，“高级双师”比例偏低，提升高校“双师型”教师比例是今后高校发展的重要任务。校内“双师型”师资队伍建设滞后于专业发展。越来越多的高校专业教学团队呈现年轻化趋势，年轻教师往往没有实战经验，相当一部分从事专业教学的年轻教师的经历是“大学毕业到高职讲堂”。

2. 教师实践能力较差

大部分高校教师没有企业工作经历或工作年限较短，青年教师的学历水平和理论水平高，但是缺乏企业工作经验、管理经验，实验操作能力和实践能力较差，他们对企业的运作流程和岗位职责并不熟悉，导致在实训教学设计上与企业实际工作流程（情景）不吻合，在技能训练的专业化深度上欠缺，实训内容创新几乎为零。上课内容偏重理论；专业课程讲不透，说不清，也道不明。部分高校教师甚至弄不清高等教育的属性、办学理念、办学模式；弄不清专业的培养目标和培养模式；弄不清课程的教学模式、教学手段、教学方法、教学内容设计等。既掌握专业理论知识，又具有丰富的工作经历和经验的“双师型”教学团队整体力量不足。

3. 知识储备陈旧

大部分高校教师知识储备陈旧，不能做到与时俱进。当今科技迅猛发展，新技术、新知识、新理论、新设备日新月异，新的商业模式不断涌现，高校教师要适应时代发展的需要，掌握本行业、本专业的前沿知识、学术动态、管理动态等，知识储备保持实时更新，不断完善自身的知识结构，将最新的内容体现在教学课件和精品课程中。

4. 科研能力较弱

高校教师的精品课程开发能力较弱，很多院校的国家级精品课程为零。教师的科研水平相对较弱，科研氛围不浓、科研观念不强导致了科研项目（国家级）、科研成果偏少，特别是高水平的科研论文偏少；教师的发明专利偏少，科研成果转化率低。

5. 创新能力不足

知识储备陈旧，不能做到与时俱进，与国内外前沿知识结合能力较弱；科研能力较弱，导致了高校教师创新意识较弱、创新手段匮乏、创新能力不足。

6. 企业兼职教师得不到保障

教育部在《高职高专人才培养工作水平评估指标等级标准及内涵》中明确指出“兼职教师数占专业课与实践指导教师合计数之比达10%”方能达到“合格”指标等级的标准。因此企业兼职教师是高校教师队伍中的一个重要组成部分，也是实现人才培养目标的有力保障。目前高校企业兼职教师的聘任与管理中存在数量不足、选聘与使用制度不健全、缺少对企业兼职教师的教学培训等问题。此外，部分高校受经费或兼职教师用人单位的限制，兼职教师数量不足，来源也较单一。

总之，基于学生、高校、教师的现状，“互联网+”背景下的创新创业人才培养必须将三者当作一个系统工程统筹考虑、共同改变。

第二节　高校创新创业教育人才培养的模式创新

一、基于"互联网 +"的创新创业人才培养

基于"互联网 +"的创新创业人才培养模式，我们可以设计一个模型图，如图 5-1 所示：以互联网为载体，以创新创业为目的，以高职学生为培养对象和核心，使高校、教师、学生形成"一体"，将职业态度、心智模式、行为方式形成"三位"，构建"三位一体"模型，全面系统培养具有创新创业知识、创新创业素质、创新创业能力的综合性人才。

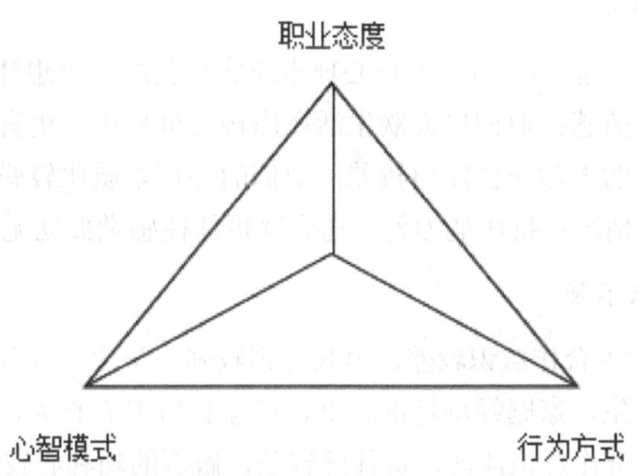

图 5-1　基于"互联网 +"的创新创业人才培养模式

高校基于"互联网 +"的创新创业人才培养模式是一个系统工程，要求把高校、教师、学生当作"一体"，三者相辅相成，缺一不可，其中，学生是人才培养模式的主体和核心，高校是辅助力量，高校教师是基础力量。

创新创业型人才培养的切入点是塑造高校学生的心智模式，改变心智模式是创新创业人才培养的关键；通过心智模式的改变引导他们行为方式的改变，改变行为方式是创新创业人才培养的核心；培养学生良好的职业态度是创新创业人才培养的保障，三者同等重要且互相作用，形成"三位"关系。

基于"互联网 +"的创新创业人才培养模式的最终目标是培养具有创新创业知识、创新创业素质、创新创业能力的综合性人才。知识、素质、能力也是"三位一体"的关系，三者之间相互作用、相互影响，这是人才培养模式的系统性决定的，也是创新创业的必然要求。

二、改变心智模式

（一）高职学生心智的特点

高校学生特别是“00 后”群体，在校期间还处于心智不成熟阶段，其特点如下。

1. 知识缺少深度

“00 后”学生知识面较宽，但是缺少深度。学生从网络等媒体获得各种信息，扩大了他们的知识面，也开阔了他们的视野，他们的心智是早熟的。但是他们并没有对问题进行深入分析与研究，更没有进一步学习和借鉴。

2. 心理素质差

“00 后”学生情感丰富，但是心理素质比较脆弱。思想开放，情感丰富，易于表达自己的情感；他们更喜欢生活在虚构的世界里，更喜欢通过网络进行沟通交流，现实的人际交往能力较差；他们的心理素质比较脆弱，容易出现内心的空虚和无助情况；抗压能力差，遇到挫折往往感觉孤立无助。

3. 合作意识不强

“00 后”学生合作意识较差，自我意识较强。学生大部分是独生子女，特别是城市里的学生，家庭经济情况较好，被家长娇惯着长大，他们思想独立，自我意识较强，合作意识淡薄，责任感较差，做事的功利心较强。

4. 反叛意识较强

“00 后”学生思想独立，不是盲目地接受某种思想和理念，而是具有一定的选择性和自我性；他们敢于反抗、敢于质疑，表现欲和反叛意识较强，不愿意接受别人的管束。

5. 自信心强

“00 后”学生自信心强，充满激情，易于接受新事物，他们有着明确的人生目标，对自己的未来有着独特的认识和理解。但是他们的目标易于受到外界影响，呈现更加务实的倾向。

6. 缺乏理想和信仰

在思想多样化、价值观多元化的冲击下，“00 后”学生人生目标更加物质化，追求品牌效应，道德品质滑坡，缺乏感恩意识，缺乏理想和信仰，部分大学生把物质和金钱作为衡量自我价值的标准。

（二）心智模式培养

改变心智模式是创新创业人才培养的关键。基于高职学生心智模式的现状，培养高职学生的创新创业型心智模式是人才培养的关键，我们将通过以下三个方面去培养。

1. 从知识层面塑造创新创业型心智模式

知识层面包括基础知识、专业知识、创新创业知识等，扎实的知识是大学生进行创新创业的基础。以物流管理专业为例，高校课程主要分为综合素质课程、职业基础课、职业技能课、职业拓展课四个方面。综合素质课程主要包括国防教育与军事理论、心理健康教育、创业与就业指导、数学、思想道德修养与法律基础、外语、形势与政策课、计算机、体育、毛泽东思想和中国特色社会主义理论体系概论等；职业基础课是该专业的基础性课程，包括管理学基础、基础会计、经济学基础、电子商务基础、市场营销学基础和物流英语等课程，主要为日后专业课做铺垫；职业技能课是专业的核心课程，包括物流基础、仓储管理、配送管理、ERP 沙盘模拟、物流运输管理、物流信息管理、物流沙盘模拟对抗、物流设施与设备、采购管理、物流经济地理、国际物流导论、物流成本管理、顶岗实习、毕业设计和毕业实习等课程，是提升技能的关键；职业拓展课主要包括与专业相关的课程，包括商务沟通、财经写作和国学课等课程，对专业课起到丰满的作用。

（1）对职业基础课程进行课程改革，夯实基础知识

职业基础课程为职业技能课程的先导，为后续学习和发展奠定基础。创新创业人才培养必须将管理学、市场营销学、经济学、会计基础四门课设定为各个专业必须开设的职业基础课程。职业拓展课程必须设置商务沟通这门课，在商业运作中80%的问题是沟通问题，沟通是每一个创业者必须具备的基本能力。

这五门课程教学尽可能采用多媒体教学和实训教学相结合的方法，多媒体教学的优势是生动、形象、易于接受、便于理解，拉近了学生与老师的距离，拉近了课堂与现实的距离；案例分析法是重要的教学方法，特别是创新创业案例的引入，让枯燥的知识更加形象化和人性化；头脑风暴法也是最常用的教学方法，头脑风暴法最能激发学生的创意与激情，好的创意往往是一起相互切磋的结果。

（2）对职业技能课程进行课程改革，夯实专业知识

每个专业不同，开设的职业技能课程也不同，创新创业要求职业技能课程做到理实一体化，实训课程占到总课程的一半及以上，校内实训与校外实训相结合，提升学生的实际操作技能。高职院校的人才培养目标是培养高端技能型人才，在理论够用的前提下，提升学生的专业技能。

创新创业也是一项技能，而且是更高的一项技能，除了必须具备市场开拓能力、商务谈判能力、沟通能力、财务分析能力等，资源整合能力也是不可或缺的一项重要技能，也是优秀管理者必须具备的一项管理技能。许多创业者早期所能获取与利用的资源都相当匮乏，而优秀的创业者在创业过程中所体现出的卓越创业技能之一，就是创造性地整合和运用资源，尤其是那种能够创造竞争优势，并带来持续竞争优势的战略资源。

高端技能的培养是一个系统工程，首先要将创新创业涉及的技能实现“系统化”，这是提升大学生技能的基础工作。其次，将“系统化”技能分解为“模块化”技能，将“模块化”技能细化和量化为“标准化”技能、“通用化”技能和“个性化”技能，建立技能分解模型图，如图 5-2 所示。

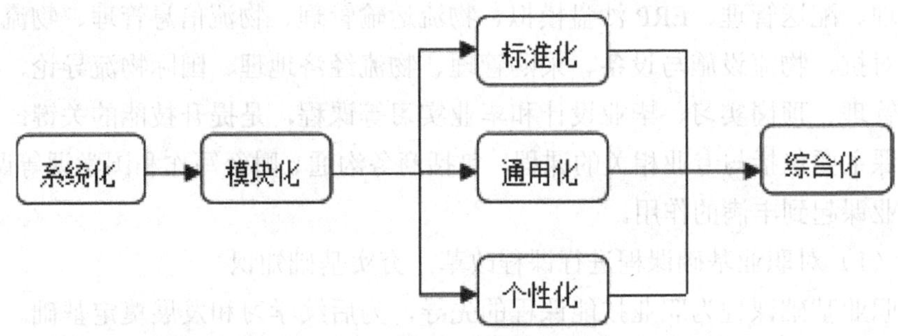

图 5–2　技能分解模型图

①“模块化”是提升大学生技能的关键，高校创新创业教育的课程中，可以将理论知识分解为可以操作的一个个技能模块。

②“标准化”是提升大学生技能培养的核心，它既是对技能培养过程中专业和课程设置的标准化，也是对技能考核的标准化。

③“通用化”是指高校的创新创业教育的课程设置，要对该专业的学生通用，适合每个专业学生基本技能的掌握。

④“个性化”，就是结合学生的不同特点，因材施教，使学生掌握不同的技能。

⑤“综合化”，是对技能的综合培养，“综合化”不是“模块化”的简单累积，它要求学生具备灵活运用的能力和综合解决复杂问题的能力。

在职业教育人才培养创新中，主要是建立学生专业知识学习的体系，突出专业基础知识、综合技能和综合素质方面的拓展训练，使学生不断增强自己的知识认知结构，适应知识经济时代和社会的发展，尽快学习和把握未来发展的新的知识体系。

职业院校在构建综合化的课程体系方面，要注意几个方面的问题：整合和重组人文社会各门学科、自然学科、基础学科，突破传统学科的界限，交叉学习；对于职业技术基础学科、职业技能学科和职业技术延伸的学科，也要根据职业岗位的需要，掌握知识和技能，改善学生的知识结构和思维结构，提高学生的综合素质。

职业教育课程体系的改革，可以向模块化学习的模式转变。典型的模式是20世纪90年代初的“宽基础，活模块”的课程模式的探索，宽基础课程集合了一个系列相关职业所共同具备的基础理论知识和基本的技能，而活模块课程是针对具体的一个职业岗位所要掌握的知识和技能。这样有利于学生在学习行业知识的基础上弹性地选择适合自己发展的职业岗位的课程，充分调动了学生的学习积极性，也有利于职业院校课程的合理配置。

（3）转变思维模式是创业成功的关键

①西式教育的优缺点分析：西方国家经过近两三百年的发展，形成了完备的社会保障体系和法制系统，人们都自觉遵守法制精神、契约精神和宗教精神，这是西方社会生存和发展的基础。西式教育造就了西式思维，西式思维是以演绎法为核心，主张以细分的方式深入研究问题，强调学科的细分和知识的模块化，学科不断被细分和量化，科学研究不断被推向极致化，科研成果被工业化，这极大地促进了工业的发展，工业1.0、2.0、3.0及未来的工业4.0都表明科学技术是工业发展的“推进剂”。科学技术促进生产力的大幅度提升，人们的物质文化生活极大地丰富，推动了社会的民主进程，以独立、民主、自由、平等、法制为核心的西式民主强化了人们的法制精神、契约精神，整个西方社会就是在这个模式下运作的。

西式教育鼓励创新精神和创新思维，在创业领域，各级高校鼓励大学生自主创业，特别是利用高科技创业，欧美国家大学生创业成功率达到20%以上，是我国的十倍之多。

西式教育促进了科学管理的发展，西方企业已经形成了相对完善的规章制度和科学管理体系，西式管理制度化、规范化、流程化早已经形成，精细化管理、供应链管理已经贯穿于企业管理过程中，一系列新的管理理论不断涌现。

实际工作中，发生事件按照80/20原则划分，分为例行事件和例外事件。

例行事件：工作中80%是例行事件，采用西式管理，是基层员工和部分中层干部处理的且经常发生的事件。例行事件的处理方法是通过科学化和精细化的规章制度形式实现规范化、流程化、制度化，这种处理方式的优点是科学管理、权责明晰，既简化了管理程序，也提升了工作效率。

例外事件：工作中20%是例外事件，采用中式管理，是中高层干部处理的且偶然发生的事件。中式管理中运用合情合理合法、灵活应变的工作方法，强调出奇制胜的解决办法。

科学管理是培养基层员工和中层干部的利器，基层员工只专注于技术技能，人际技能和概念技能涉及较少，基层员工的技术能力直接影响产品或服务质量，提升技术能力是基础员工最核心的工作。科学管理技能图如图5-3所示。

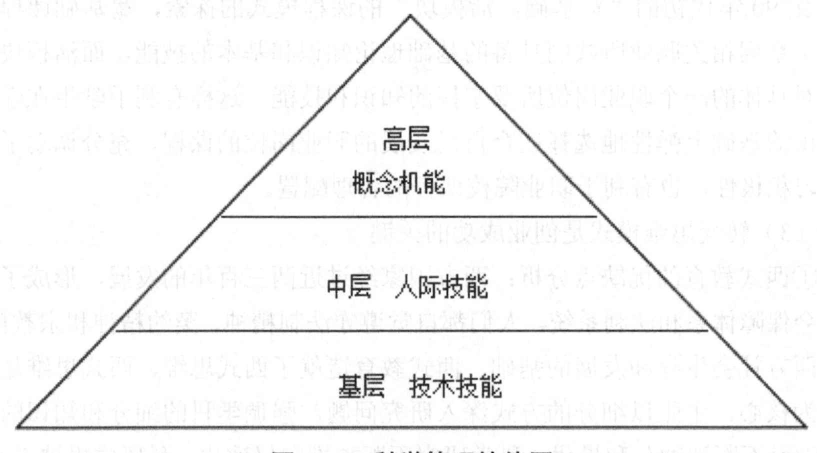

图5–3　科学管理技能图

科学管理为基础员工技能的提升创造了良好的环境，同时，简单的人际关系也有助于基层员工人际技能的培养。因此，西式教育培养了大量的高端技术人员和合格的中层干部，而这恰恰是我国目前最为匮乏的，也是我国高职教育未来的努力方向——培养高端技能型人才。

西式教育培养了西方人严谨的科学态度及一丝不苟的科学精神，强调个人主义（利己主义）和竞争机制，注重人的全面发展，鼓励独立创新的人性化与个性化教育，这极大促进了西方人的个体发展，造就了西方人有棱有角的个性特点。西式教育强调个性化与人性化教育的弊端是培养的人往往自私、狭隘，缺少包容心，这导致了西方人至今还未形成稳固的价值观，外界环境变化，其价值观也随之变化；西方人没有明确的处世态度，因为西方人没有明确的价值观做指引。西方社会以个人作为社会的单元，西式教育也是培养人的个性特征，因此，西方社会是没有伦理的。

西式教育铸就了西式思维模式——二分法（就是非错即对、非对即错的方法，简单、直接，没有任何回旋空间），思考顺序为法→理→情依次展开（法是排在第一位的，情排在最后），这种思维模式是片面的、单一的、缺乏弹性的，容易走进死胡同，导致了西式教育必须融入宗教教育，通过宗教对人进行价值观的指引，通过宗教对人们的思想、道德加以抚慰和束缚。

西式思维使法制精神深深烙印在每一个西方人心中，西方社会必须依靠法律、法规约束人们的行为，道德和伦理在西方社会普遍缺失，人与人之间缺少情感纽带，导致了民族矛盾和种族歧视不断发生。

②中式教育的优缺点分析。西式教育培养人才的价值主张与中国文化传统是矛盾的、有悖的。

中国经历了五千多年的历史，形成了以“家”为主体的“家文化”，中国人的思想是儒家思想、道家思想和佛家思想的综合体。儒家思想体系以“仁”为核心，强调“修身、齐家、治国、平天下”，“穷则独善其身，达则兼济天下”，“仁孝治国”等入世思想；道家思想的核心是“道”，强调“清静无为”“返璞归真”“顺应自然”“贵柔”等出世思想；佛家强调自身修养，教人要深信因果、正知正见、度己度人，佛家以超世为核心理念。经过几千年的文化融合，道家、儒家、佛家已经三位一体融入中国人的日常思想和行为中，以道行、儒礼、佛法为灵魂构成中国人的核心思想，这种价值观和人生观是相对稳固的。

道家、儒家、佛家三位一体思想使得中国人的思想是复杂的、矛盾的，我们的思维模式是三分法(“三分法”即没有明显的对错，存在灰色地带，可以周旋，万事追求合情合理就好），遵循情→理→法的思维模式，而这种模式与西方思维模式是相反的。

两种模式相反的原因是中国人以“家”为单元，西方人以“个人”为单元，经过五千年的传承，“家文化”已经根深蒂固到中国人的血液中，《易传·文言传·坤文言》：“积善之家必有余庆，积不善之家必有余殃。”“家文化”决定了我们必须孝敬父母、尊敬长辈、爱护小辈等，我们必须承担“家”的责任感和使命感。可见，中国人的“情”是对“家”的，西方人的“情”是对自己的，“情”是中西方文化区别的标签。

“情”决定了中华文化的另一个核心是“敬”，老祖宗教导我们敬天、敬地、敬祖宗，心生畏惧，懂得因果，自我约束，我们做人做事必须“不逾矩”，这是自我修养的体现。《礼记·大学》：“古之欲明明德于天下者，先治其国；欲治其国者，先齐其家；欲齐其家者，先修其身；欲修其身者，先正其心；欲

正其心者，先诚其意；欲诚其意者，先致其知，致知在格物。物格而后知至，知至而后意诚，意诚而后心正，心正而后身修，身修而后家齐，家齐而后国治，国治而后天下平。”几千年来我们遵循着“修身、齐家、治国、平天下”的理念一代一代传承。中式教育的根基在于“修身”，强调自我的修身养性，然后再强调管理好家族并成为宗族的楷模，我国的“家文化”就是这样绵延不断地传承的。

道家做人、儒家做事、佛家修心，三位一体、和谐共生，我国的宗教是开放的、包容的，每个宗教都有自己的经典学说，与人生的不同阶段、不同情境适应，这是中国宗教最伟大之处。

我国的宗教本质上是教育学，它不仅仅是宗教信仰，更是起到了教育和引导的作用，指明了人们做人和处世的方式，从根本上提升了人们做事的境界，从思想和灵魂升华了做人的境界，这是我国宗教和国外宗教的本质区别。

老祖宗教会我们的不仅仅是“不逾矩”，还教会我们在“不逾矩”范围内要学会融通，所谓融通即是“外圆内方”，我们的传统文化强调“柔、顺、忍”的融通教育，老祖宗教导我们先做人再做事，做人做事讲究合情、合理、合法，强调解决问题的途径是化解问题，解决问题的方式是强调“诡道”，这种方式是智慧的、可行的。

西方文化是“外方内圆”，强调培养“有棱有角”的人的个性化教育。中西方态度如图 5-4 所示。

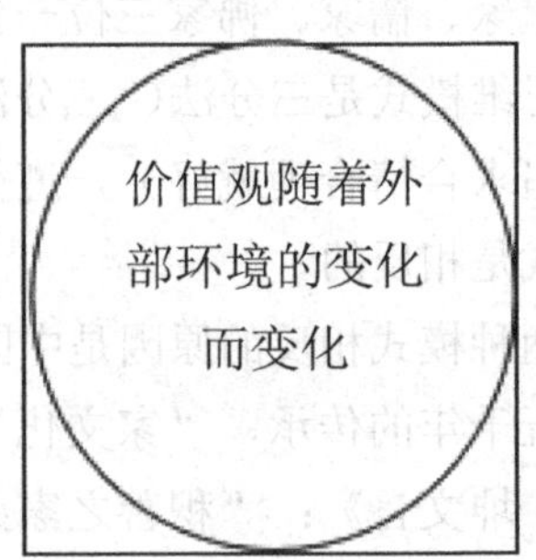

图 5-4　中西方态度

《孙子兵法·始计篇》：“兵者，诡道也。故能而示之不能，用而示之不用，近而示之远，远而示之近，利而诱之，乱而取之，实而备之，强而避之，怒而挠之，卑而骄之，佚而劳之，亲而离之。”可见，老祖宗告诉我们例外事件的处理没有固定的方式，处理例外事件的原则是灵活应变，处理方式是合情合理合法、强调诡道等，体现了中式思维的精髓。西式处理问题的方式是解决问题，虽然解决了问题，但是往往伴随后遗症的产生，人们一直在不断地解决问题，可见，我们需要一种从根本上彻底解决问题的途径，这种途径就是化解问题，将问题化解为无形，真正解决问题，才能实现和谐与共荣，这需要的是智慧而不是能力；同时，化解问题最大的好处在于能带来融通的人际关系，这与中国的文化传统是完全契合的。因此，我们须将中式思维与西式思维结合起来思考问题、处理问题，走“道”（中式）与“术”（西式）相结合的路。

③创业教育要求中西文化相融合。改革开放几十年来，我们接受的教育是西式教育，我国的“儒释道”传统文化教育在中国的教育过程中是缺失的，我国教育提倡素质教育、能力教育，培养的是西式人才，因为我们用的教材是西式教材，案例是西式案例，解决问题的方式也是西式方式，我们的思维方式也自然是西式思维。

在创业过程中，我们要吸收西式教育的精髓，大力发展科学技术和实施科学管理，科学管理的优点是权责利清晰，能帮助管理者制定制度且制度具有可执行性，基层员工只要按照规章制度去好好工作，就一定是一个好员工，员工的知识、素质和能力都得到极大的提升，能很快晋升到中层管理岗位；中层管理岗位不再面对几乎不变的事情，开始处理需要灵活处理的事物，解决问题没有固定模式可以遵循，甚至连以往的经验都不可借鉴，这些事物往往需要创新去解决问题，灵活性增加了、难度加大了，需要智慧去处理问题了；高层管理岗位要面对未知的、多变的未来，战略规划能力是高层管理者重要的能力之一，战略规划及战略调整的能力是企业应变能力的集中体现。

西式教育对创业的最大贡献在于能促进高端技能型人才的培养，特别适用于基层员工和研发人员，我们要营造相对稳定的基层和中层环境，促进员工技术能力的提升。

在创业过程中，我们还要面对变化莫测的外部环境，此时仅仅依靠能力是无法解决问题的，我们必须依靠智慧去化解问题。因此，我们需要将人才培养模型进行升级，培养“智慧型”的创新创业人才，如图 5-5 所示。

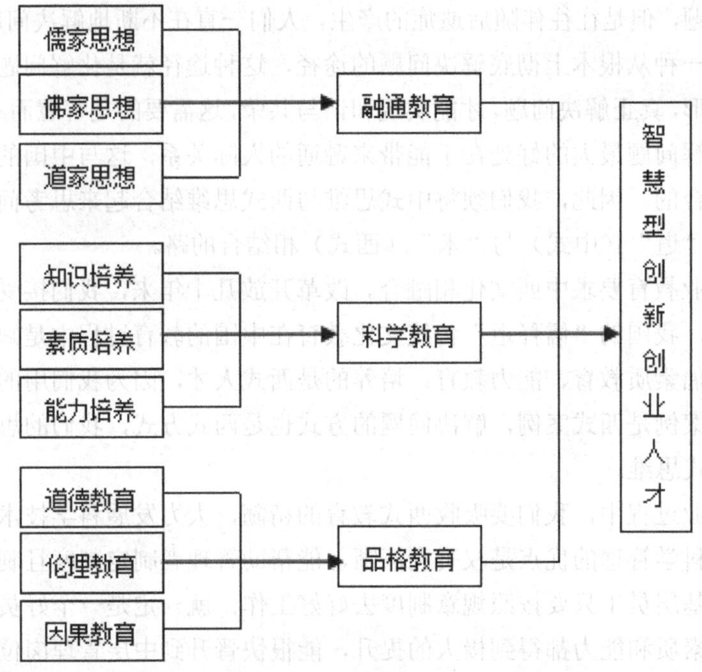

图 5–5 “智慧型”创新创业人才培养模式

“智慧型”创新创业人才模式分为三个部分：融通教育、科学教育、品格教育，这三个部分互相作用、缺一不可。品格教育是创新创业人才培养的基础，品格教育必须实施道德教育、伦理教育及因果教育，塑造创新创业人才的品格；科学教育是创新创业人才培养的核心，从知识、素质、能力三个层面培养高端技能人才；融通教育是创新创业人才培养的关键，我们引入儒家教育、道家教育、佛家教育，从做事、做人、修心三方面培养人的融通性。

“智慧型”创新创业人才培养必须引入一门课程——国学课，我国的国学经典著作非常多，但是高等教育的学时有限，考虑到目前的国情、民情、学情，国学课引入《群书治要》这本著作作为大学生的职业能力拓展课是非常合适的。《群书治要》是唐初著名谏官魏徵、虞世南及褚亮等遍览六经、四史，诸子百家，上始五帝，下迄晋代，从 14 000 多部、89 000 多卷古籍中精选 65 部，计 50 余万字，以务乎政术、本乎治要为原则，删繁择精，于贞观五年（631 年）编辑成书的。书中既有明君治国的经验，也有昏庸败政的教训；既有忠良辅国的故事，也有奸臣欺主的实录。2001 年，习仲勋曾为此书亲笔题词：古镜今鉴。《群书治要》已经列为中央党校读物，我们将其引入课堂旨在培养大学生健全的道德品格，塑造其高尚的人格，提升其修身处事的能力，提高大学生的人文素养和精神境界，这是创新创业的必然要求。

2. 深度的学习能力，完善心智模式

仅仅具备扎实的专业知识是不够的，创业能力的培养需要高校学生具备深度学习的能力，这是目前高等教育欠缺的，也是今后发展和拓展的重点方向。

所谓深度学习，是指在理解学习的基础上，学习者能够批判性地学习新的思想和事实，并将它们融入原有的认知结构中，能够在众多思想间进行联系，并能够将已有的知识迁移到新的情境中。

布鲁姆等人在认知学习领域将教育目标分为六大类，从低级到高级依次为识记、理解、应用、分析、综合和评价，浅层学习的认知水平停留在第一、第二层，而深层学习的认知水平对应着后面的四层。拉姆斯登等对浅层学习和深度学习进行了对比分析，提出了实现深度学习的多样化策略，如广泛阅读、整合资源、交流思想、能把知识应用于真实世界等，以达到对学习材料的理解，而这正好与我国古代把学习看作是学、思、习、行、情的总称的说法相符，即指示了学习、练习、情绪、思维之间的关系。不同层次的学习所采用的学习策略是不同的，浅层学习采用识记、巩固、强化的手段；深度学习强调反思和对知识的建构、迁移、应用，强调解决实际问题。

深度学习具有反思性、主动性的特点，强调较高的认知目标层次，强调高阶思维能力的培养，强调学习过程中的反思与元认知，并且注重学习行为的高情感投入和高行为投入，注重概念转变，强调复杂的认知结构。大学生的深度学习是指在理解学习的基础上，能够批判性地学习新的思想和事实，并纳入原有的认知结构中，能将已有的知识迁移到新的情境中，做出决策和解决问题。创新创业教育涉及产品、技术、营销、财务、运营、客户等各个层面，需要对每个层面进行深度分析，融会贯通地掌握相关知识。我们可以从以下几个方面培养学生深度分析问题的能力，通过深度学习能力的培养完善学生的心智模式。

（1）计算机能力

计算机行业是一个飞速发展的行业，由于知识更新速度很快，计算机专业人才需要有广博的本行业以及交叉学科知识来适应越来越快的知识更新速度，从而获得更强的创新能力。对于计算机应用创新型人才来说，应用创新的基础是人的全面和谐发展，为此，高校的科技活动既注重为大学生夯实宽厚的理论基础，也注重大量丰富学生的实践经验，还鼓励学生健康人格的个性发展，以内容丰富、形式多样的科技活动尤其是品牌活动，为应用创新型人才的培养搭建良好的平台。

培养计算机专业应用创新型人才，首先应该培养其科学素质，也就是要崇尚科学，弘扬科学精神，传播科学思想，运用科学方法。英国科学家、哲学家和思想家培根在《论学问》中说道："读史使人明智，读诗使人灵秀，数学使人精细，物理使人深沉，伦理使人庄重，逻辑修辞使人善辩。凡有所学，皆可熏养人的科学素质。"

对于培养计算机应用创新型人才而言，人文学科对于培养创造力也有显著作用。人文基础学科是计算机专业人才学习中不可或缺的长线学科，是喷涌创新成果的源泉。学科交叉对于计算机专业人才激发应用灵感、培养创新性思维也很有帮助。

学习科学认为计算机技术可以让学习者以可视化、言语化的方式建构和展示知识，能支持视觉、听觉相结合的反思模式，让学生有更多的机会去选择学习的任务和探索任务的方式；能帮助学生维持兴趣，极大增强学生的自主感和认知投入；能让学习者分享、整合他们的理解，并从协作学习中获益，从而支持深层学习的发生。

多年来全国高校的不断扩招与人才培养，使我国的高等教育已逐渐从精英教育转变为大众教育。作为一直热门的专业，计算机科学与技术专业的招生人数更是在各大专业中名列前茅。计算机类专业的人才都具备良好的科学素养，可以系统地掌握计算机科学与技术，包括计算机硬件、软件与应用的基本理论、基本知识和基本技能，学生毕业以后能在科研院所、企业事业单位、技术和行政管理等部门从事教学、科研、开发、管理等工作。然而，这些计算机专业毕业生的就业压力却在逐年上升，甚至被调侃为"毕业即失业"。这并不是因为市场饱和，也不是因为高校培养的计算机人才太多或质量太差，而是人才培养的针对性不强，造成结构不合理，培养的计算机人才不适应社会需要。

创业创新对计算机专业人才培养的作用是不容忽视的。主要体现在以下方面。

①自主选题，问题意识得到培养。问题意识是创新能力的一个重要组成部分。创业创新的选题要面向社会需求、贴近生活、具有现实意义和一定的商业价值。学生要在生活实践中打开思路，细心观察，捕捉到稍纵即逝的生活难题，才能找到不同于其他人的创新。例如，智能自助快递柜项目，就是针对在现实生活中"投寄快递无人在家，收取快递不方便"这一普遍问题而提出的创业项目，提出后立即受到广泛关注。

②独立研究，分析综合能力得到提高。发现问题只是创新的开始，接下来就要分析问题，寻找解题方案。学生需要针对问题，整合自己所学的知识，搜

索整理参考资料，认真分析，寻找问题的突破口，考虑哪些知识原理是适用的，通过综合，融会贯通。创业创新采用的是开放形式，可以运用网络、书籍、各种文件资料等多种手段收集信息，这就使参与者的分析综合能力获得提高。

③过程管理与实施，培养实践与创新能力。一个创业创新要求有明确的主题和设计目标，提出设计思路，拟定切实可行的解决方案，采用成熟的技术路线，以可用性、可靠性为测试标准，开发设计出一款实用的软件作品。众所周知，软件作品的研发是一个漫长而复杂的过程，既要统筹规划，又要注重细节分析，烦琐的代码编写与调试，严谨的测试，整个过程从问题提出到最终形成实际的物质，都对实践与创新能力的提升有极大促进作用。

④团队协作，锻炼组织沟通能力与协作能力。创业创新通常是团队参与，团队由 3 ～ 5 名学生组成。团队设有项目负责人，并根据成员各人不同的特长进行分工，合作完成项目。整个过程中，团队成员间相互协作、取长补短、集思广益、互相促进，这就需要项目负责人具有出色的组织能力，以及成员们的支持配合与协同能力。另外，在团队合作中，成员间的有效沟通也非常重要。项目的研究方案、实施细则、个人创意等都需要充分地讨论和沟通交流，群策群力，相互启发，获得创新线索。随着合作项目的实施，成员的沟通和协作能力必能得到很好的锻炼与提升。

（2）创设真实的创新创业学习环境

树立开放的教学观念，突出学生的主体地位，是在实践教学过程中实施创新教育的基础。确立实践教学的主体，实际上是确立了实践教学的中心和实践教学的服务对象。在整个教学过程中，学生虽然是接受教育的对象，但他们在教学过程中的主体地位是不容忽视的，整个教学过程应该是围绕他们获得知识技能来进行的。他们在教学过程中的参与度与主动性，将直接影响着最终的教学效果，也直接影响他们的专业能力的获得与提高。所以，在实践教学过程中，只有真正确立了学生的主体位置，才能让学生充分发挥个人的主观能动性，独立完成实习实训任务，达到调动、提高他们创新积极性的目的。

学习科学原则用以督促学习者对内容进行深入思考及理解，一般包含真实性、探究、协作与技术来理解关键概念。真实性能激起学生的认知投入，刺激学生的主动学习行为，通过把真实世界、学生的日常生活、学科实践三者联系起来，完成知识的转化；有效地探究主题能促使学生的认知投入，学生在学习过程中扮演多种角色，探究真实世界，学生为了成功会采取多种措施、实践多种行为，促使学生形成多种能力；与学习同伴在课堂内外的协作、分享并讨论观点等行为，可以激发学生的学习动机与认知投入，构建学习共同体，提升学

生的存在感和价值感。

随着社会经济的发展与完善，经济结构、就业结构发生了重整，尤其是知识经济、互联网智能时代的到来，出现了新的产业和行业，对就业者的综合能力和综合素质的要求越来越高。职业教育要以就业为导向，针对一定职业岗位的人才实施培养计划，因此课程设置和专业设置就有了教育的普遍适应性和职业岗位教育的特殊针对性两个方面的特征，这两个方面是矛盾的，所以在进行人才培养模式创新的探索中，要把这两个矛盾的特征统一起来，培养学生的可持续学习能力。

创新教育的一个很重要的目的就是培养学生在专业上的独立和自主能力。学生专业实践能力的培养有赖于实践教学环境的开放性。实践教学环境的开放性，一是指实践教学设备、场地在时间和空间上，要最大限度地真正向学生开放，拓宽创新教育的时空。二是要创设良好的实践教学管理环境。实践教学设备在管理机制上应充分考虑有利于开放式教学的实际需要来进行配置，实验室的设备配置，应该考虑教学内容和教学组织的灵活性。不同设备的搭配组合，可实现不同实验项目的具体要求。

高等教育中的计算机网络实验室的组网实验，就应该允许学生根据自己的设计思路完成不同组合形式的组网方案实验，从而使学生能自主地选择实验方案来完成实践教学。实践教学设备在教学管理上应充分考虑学生的实际需求和设备的利用程度，努力提供正常教学以外的教学服务。在条件允许的情况下，有序地开放设备，开放实验室，让有兴趣的学生能得到一个自我学习的机会，也为学校的各个专业项目兴趣小组提供一个良好的活动场所，从而培养学生的创新精神和创新能力。

应用创新型人才培养是高等教育适应社会发展的一个必然的、理性的选择。大学生科技文化活动是提高大学生综合素质的平台，也是培养创新型人才的有效载体。

（3）教与学并重

创新创业教育应注重教和学，教师角色的转变是关键。教师所扮演的角色，一方面是理论的权威拥有者，具有远超学生的大量理论知识，为“传道授业解惑”提供基础条件；另一方面是理论的传授者，他们通过探索、尝试各种教学方法、手段，以实现理论知识的复制与转移，使得他们的传授对象——学生能够和他们一样，拥有丰富的理论知识。

教师的作用在于，一方面，帮助学生创设轻松和谐的创新创业环境及融洽的实践气氛，及时组织各学习小组之间的汇报和交流；另一方面，鉴于学生的个体能力差异及各小组表现水平存在差异，容易导致各组的管理和活动质量有较大的不同，在小组中学生还会发生各种意见、分歧和情绪波动等，这就需要教师做好学生的组织协调工作。为了能够与学生共同解决创新创业的问题，教师必须从“教学者”变成“学习者”，因为教师想要具备多学科的、丰富的、渊博的知识，就必须不断学习，以满足创新创业教育对教师知识储备相对宽泛的要求。

加强学生实践能力的培养，是高等教育人才培养的基本原则。学生的实践能力主要是指学生在生产实践的过程中，能够根据所学的专业理论知识发现问题、提出问题和解决问题，还要具备专业基本素质，通过多样化、系统化的实践课程的学习，找到实践教学中实践能力培养的途径和方式，能够系统、科学地突出高等教育的实践教学特色，提高实践教学的效果。

美国的西尔伯曼教授认为，课堂教学的转型取决于两个要素：一是班级氛围的变革，二是教学方式的变革。教学方式的变革要保证学生对于创新创业知识的易接受性，也要提升学生的学习兴趣及学习的主动性，针对学生的个体差异性设计个性化的解决方案，实施个性化教育。

（4）培养反思精神

莫恩（Moon）在杜威（Dewey）、金（King）以及凯茨纳（Kitchener）等的基础上，对“反思”进行了重新界定。反思是保证学习者终身学习最有效的技能之一，是学习者从经验中学习的一种能力。反思能使学生更容易完成真实实践，建立新旧知识联系，获得策略性知识和解决实际问题的能力，而反思可以通过预先计划、实时监控、过程评价来实现。

3. 丰富的想象力，拓展心智模式

康德认为，想象力是一种创造的能力；马克思认为，想象力是十分强烈地促进人类发展的伟大天赋；亚里士多德认为，想象力是发现、发明等一切创造活动的源泉。想象力是发展知性的动力平台。爱因斯坦认为：“想象力比知识更重要，因为知识是有限的，而想象力则概括着世界上的一切，推动着进步，并且是知识进化的源泉，严格地说，想象力是科学研究中的实在因素。”想象力是创新的催生剂，想象中蕴含了许多可能性，其中有些可能性是现实中尚未实现的，符合客观规律的想象是一种超前反映现实的形式；而创新也是对现实的超越，创新思维的产生离不开适宜的感情环境的激发和催化。想象能提供创新思维所赖以产生的热情，想象可以直接激发并转化为个体的创新性思维；想象一旦深入思维，想象的发展必然促进形象思维的发展，形成完整的创造性

思维。

想象力和好奇心是人与生俱来的，好奇心和兴趣是一个人创新最基础的条件，创新能力最本质的要素，恰好是我们长期以来所忽略的东西，第一是好奇心和兴趣；第二是想象力；第三是洞察力。丰富的知识和经验将使想象力成为有源头之水，但是，如果不善于对现有的丰富知识和经验加以加工和重新组合，以产生新的知识和经验，那么，现有的丰富知识和经验将难以发挥应有的效益，人们难免成为“移动的书橱”。

好奇心和兴趣怎么培养？教师讲课是培养好奇心和兴趣的重要手段，教师们在课堂和教学中应把培养学生的好奇心和兴趣作为重点。好奇心和兴趣能激发学生的求知欲，求知欲是学生主动观察事物、反复思考问题的内在动力，求知欲促使学生进行深度学习，深度学习促进了学生探究知识的深度性、广度性和交叉性，这又强化了学生的好奇心和兴趣。创新过程模型图，整个过程是螺旋上升、不断强化的，如图 5-6 所示。

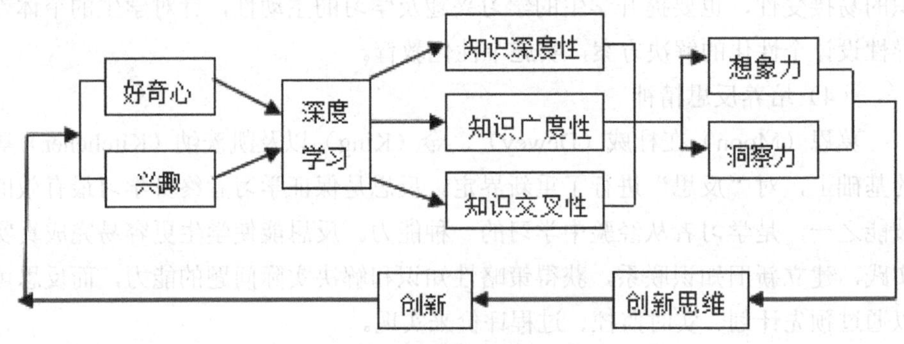

图 5–6 创新产生过程

教师要多组织课堂讨论，鼓励学生发挥他们的想象力，让学生通过“头脑风暴法”积极主动地发表自己的见解，引导他们从不同的角度去寻求问题的答案；教师要多组织一些创造性的活动，开展创造性活动是培养学生想象力的主要途径，让学生在实践中培养其创新能力。教师要多设计一些理论联系实际的题目，甚至鼓励学生自己动手设计题目。为了丰富学生的想象力及培养学生深度学习的能力，我们对技能提升培养模型图进行升级，综合性提升了学生的深度学习能力和实际动手能力，交叉性提升了学生的想象力，教育教学过程最终实现了创新性。技能训练如图 5-7 所示。

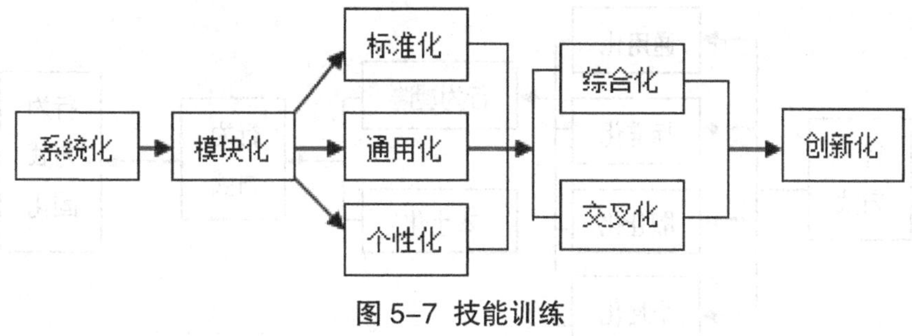

图 5–7　技能训练

总之，创业需要学生具备丰富的想象力、扎实的基础知识、深度学习的能力为丰富的想象力埋下种子，通过小组头脑风暴法将一个个天马行空的想象转换为无限的创意，将不同的创意进行融合形成创新。

三、行为塑造

行为塑造旨在让人掌握新的行为方式，破除旧的、习惯的行为方式，消除不良的习惯行为，形成良好的习惯行为，形成新的正面的行为方式，并固化成为个体生活风格的一部分。随着大学生心智模式的改变，我们需要通过行为塑造与之相契合，使得心智模式与行为方式相通融。如果说心智模式是“顶天”，那么行为塑造是“立地”，这是一个“落地”的过程。因此，我们必须对学生在创新创业过程中的行为进行再塑造，行为塑造要实现通用化、标准化、职业化、个性化、本土化。大学生行为再塑造分为两个阶段，如图 5-8 所示。

①阶段 I 是行为塑造过程，这个阶段的重点是对大学生创新创业行为进行塑造，塑造的方式首先要实现通用化（适用于各个专业大学生）、标准化（行为方式符合规范化、标准化）、职业化（行为方式适应职场需求），这是行为塑造的最基本要求，此时培养塑造的行为方式如同流水线生产的产品不具有差异性；其次，由于大学生具有不同的性格特点、知识、能力、素质等，我们将进行差异化行为塑造，实施个性化的行为塑造，实现行为塑造的差异性。

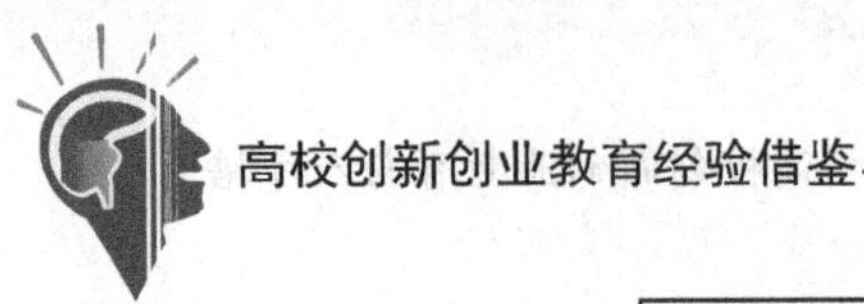

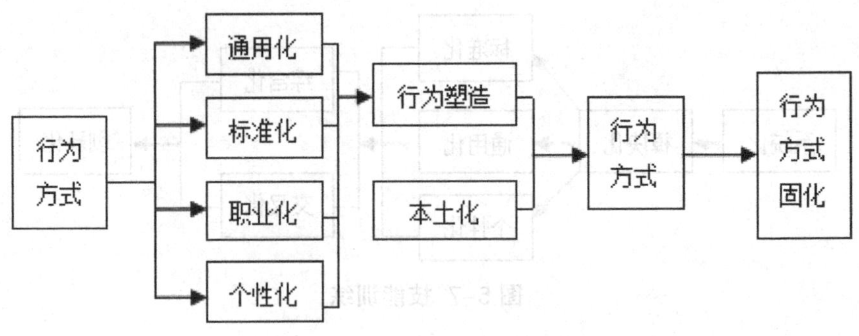

图 5–8 大学生行为再塑造

②阶段Ⅱ是行为再塑造阶段，实现行为方式的固化。在阶段Ⅰ的基础上实现行为塑造的本土化，所谓本土化就是塑造符合中国人自身特性的行为，即本土化就是进行通融性行为塑造。我们悠久的历史文化传统塑造了我们通融性的性格特征和行为特征，但是近年来我们实施以西式教育为主的教育模式，学生的自我意识较为严重、融通性较差，因此，我们必须将融通性教育引入教学体系，培养学生融通性的性格和行为，这是行为再塑造的关键，也是学生创业成功的关键之一。

行为塑造是创新创业人才培养的核心。行为塑造有积极强化、消极强化、惩罚和忽视四种方法，前两种属于正强化，后两种属于负强化。积极强化是指当一种行为能达到目的或得到回报时，达到目的的满足和获得的回报就对这种行为起到了积极鼓励的强化作用。在创新创业过程中，积极强化是最重要的方式，教师要通过这种方式积极引导、不断强化，最后形成固化。当学生成功解决了某些创新创业难题，并从中获得强烈的成就感时，这种成就感就强化了他们的行为方式和心智模式，使他们再次使用该行为方式的可能性增加，如此不断地循环强化，学生的行为方式将实现固化。

四、培养职业精神

我国职业教育人才培养要准确地定位人才培养目标，充分体现出人才类型的职业性和人才档次的高层性。职业院校的学生要学习基本的理论知识，还要接受素质教育，要具有学习新知识的主动性和积极性，具有较强的岗位职业能力、创新创业能力、终身学习能力，通过在职业教育阶段接受的岗位能力训练，掌握熟练、规范的操作技能和将理论转化为实际成果的专业能力，最终提高就业能力。

职业精神是人们在长期的职业活动中形成并为人们所认可的一种持续、稳定且具有职业特征的价值观、态度和精神风貌的总和，是职业人在具备职业技能和遵守职业道德的基础上形成的更高层次的精神境界。李克强总理在全国职业教育工作会议上指出："职业技能人才应该是高素质、全面发展的人才，更应该是有敬业精神加职业精神的人才。职业教育不仅要培养职业技能，更要培养职业精神。"

目前一些院校还没有将培育职业精神放到应有的高度，存在重知识灌输，轻道德养成；重理论教学，轻实习实践；重技能培养，轻职业精神培育的弊端。这直接导致高职院校学生就业后的离职率比本科生相对要高，存在职业生涯模糊、吃苦耐劳精神缺乏、敬业爱岗意识薄弱、团结协作能力偏差等问题。

因此，职业精神的培养是创新创业人才培养的保障，明确的职业指向决定了高职教育必须坚持"职业技能与职业精神并重"的理念，在教授学生职业技能时，同样注重对学生进行职业精神的培养。这两项任务在高职院校的人才培养过程中是相辅相成的，一方面，职业精神为学生掌握职业技术提供动力支持；另一方面，职业技术应用能力的提高又能够增强学生对职业认可的信心，从而为学生树立职业理想奠定基础。

我们可以从爱岗敬业精神、吃苦耐劳精神、团结协作精神、诚信精神、责任意识五个方面对大学生进行塑造，大学生职业精神塑造如图 5-9 所示。

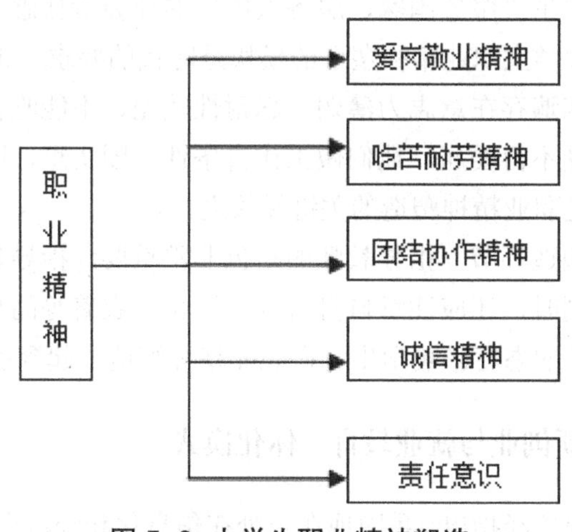

图 5–9 大学生职业精神塑造

在职业精神塑造过程中首先要塑造的是爱岗敬业精神，爱岗敬业精神是职业精神的集中体现，作为一名员工首先要热爱工作岗位，只有热爱岗位才能投

入工作热情和激情，才能真正做到敬业。敬业精神能够使人们在职业活动中对各种规范和要求不再感觉是一种负担，而把它视为自我发展、自我完善的必要手段和迫切需要，从而在本职工作中创造出更加辉煌的业绩。

市场经济本质上是诚信经济，市场经济赖以生存的根基是信用体系，我国著名经济学家吴敬琏指出，“信用危机是阻碍中国经济发展的第二大因素”；党的十大八报告提出“倡导爱国、敬业、诚信、友善，积极培育和践行社会主义核心价值观”，诚信被列入社会主义核心价值观。诚信是当今社会最基本的价值取向和行为准则，诚信是一个人最重要的道德品质，是思想道德素质最核心的外在表现。大学生是践行社会主义核心价值观的重要力量，大学生诚信教育就是培养大学生诚实、守信用的品格，加强大学生自身的道德修养。

团结协作精神的培养是大学生职业精神塑造的非常重要的模块，特别是对“00后”大学生群体尤其重要。“00后”大学生群体团结协作意识不强，纪律性较差，个人主义比较突出，功利主义色彩比较严重。在创新创业实践过程中，我们可以在实践教学环节、实习实训环节引入学生团队协作完成任务模块，旨在教育、引导、强化学生之间的团队精神。

责任意识薄弱是大学生群体较为普遍的现象，校园暴力、考试舞弊、沉迷于网络游戏、爱好虚荣、盲目攀比、极端个人主义等频繁出现在校园，大学生责任意识现状令人担忧。《国家中长期教育改革和发展规划纲要》明确提出：要着力培养提高学生“服务国家、服务人民”的社会责任感。因此，我们将责任意识培养作为大学生职业精神塑造的模块是时代的要求，也是趋势的要求。

大学生群体普遍存在意志力薄弱、忍耐性较差、不能吃苦耐劳等问题，他们经不起挫折、受不得委屈，他们做工作讲条件、图实惠，因此，培养大学生吃苦耐劳的精神是职业精神塑造的关键模块之一。

在职业精神塑造环节，指导教师的角色非常重要，指导教师在提升学生专业知识和技能的同时，还应注意自身言行、举止、衣着等的规范性和标准性，以一种严谨、专业的态度影响学生，在职业精神塑造上起到引领和示范作用。

五、建设创新创业与就业教育一体化模式

习近平总书记曾经指出，我国现在正处在信息化和经济全球化的时代，“互联网 +”已经融入我们社会生活的各个方面，深刻地影响了人们的认识观念和生产生活方式，智能时代已经来临，“互联网 +”在未来的创业就业和人们的生活方面会起到重要的作用。作为新时代的大学生，大学生就业要与“互联网 +”

时代相适应，在新一轮科技革命和产业变革中把握机遇，增强就业信心，为将来加快推进“互联网+”的发展，实现未来中国经济的提质增效贡献自己的力量。

一方面，“互联网+”时代的到来，不但体现了科学技术的强大力量，同时也带来了劳动力需求的结构性调整，减少了传统的就业机会；另一方面，“互联网+”时代也创造了更多与互联网本身有关的新的职位和就业机会，对经营管理人员、技术人员、技术创新和研发人员的需求量明显增多，如网络工程师、计算机硬件工程师等。根据《中国互联网发展报告》，2018年阿里巴巴零售电商平台带动的直接就业和间接就业人数超过4000万人，美团平台带动劳动就业机会1960万个，滴滴出行平台在国内共带动1826万个就业机会。根据《2018年淘宝年终数据报告》，年收入超过百万的淘宝卖家达到43.7万个，其中有2200多位淘宝卖家年收入突破亿元，淘宝为全社会创造的就业岗位是功不可没的。

“互联网+”对企业经营者和劳动者也提出了更高的要求，具有创新创业意识的现代化服务人才成为支持中国转型为创新与服务大国并成功完成产业升级的中坚力量。由于“互联网+”相关知识的专业性强，对从业人员要求较高，人才的培养必须要依托高等院校。高等院校要始终坚持以市场需求为导向，加强技术培训，实行“精准式”专业人才培养，为社会提供优质的人才。

因此，“互联网+”时代为推进创新创业与就业教育一体化建设提供了新机遇，也提出了新要求。在今后高校大学生创新创业与就业教育一体化建设的过程中，在对大学生的教育教学过程中，要充分利用互联网的驱动作用，以带动大学生自主创业就业为重点，推动全社会资源共享，发展众创空间，使创业更加开放和创新化，调动全社会的积极力量，为创业者提供更加合理便利的网络资源共享空间，把握市场需求，促进前沿技术和创新成果及时转化，构建开放式创新创业体系，为创业团队和个人开发者提供绿色通道服务。

（一）形成创新创业与就业教育一体化培养模式

在创业教育过程中，首先要更新教师的育人观。高校在教育教学过程中，更要主动对大学生进行创新创业和就业教育，创造更多适合大学生自主创业的平台和实践的机会。邓小平曾指出，教育要面向未来、面向世界、面向现代化。因此，教师要改进课堂教学模式，建立大学生创业实践基地和大学生创业园等，提供创新创业与就业教育一体化育人的现实可行的高校实践教学模式。

高校一体化建设人才培养模式，还要教育大学生树立创新创业意识及适应市场需求的主动就业观，使学生尽早地适应社会各种复杂的就业现状，正确看待就业中的竞争环境，从学校的教育目标和学生的学习过程中，将创新创业的思想融合到专业学科的课程教育教学的全过程，从根本上实现教学育人的一体化培养。

（二）建立创新创业与就业教育实践基地

大学生在课程教学中所逐步形成的创新创业与就业一体化观念，是一种理论性的知识，只有在实践基地中经过切身体验后才会得以完善和巩固，形成健全、持久且快速应对市场风险的创新创业能力和就业竞争能力。

建立创新创业与就业教育实践基地，正是理论教学与实践教学的媒介体现，可以使学生通过各种形式的实践活动近距离地了解社会，培养大学生动手实践的能力。高校要大力推进产、学、研相结合，为企业寻找更加适合自身发展的合作方式，寻求科研单位的技术支持，鼓励学校和企业、科研单位和企业、学校和科研单位之间的合作办学。

高校要依托科研机构、企业的智力资源和研究平台，建立创新创业与就业一体化训练实践基地。高校要建立创新实用的实践基地，必须具备以下条件。

1. 较强的软硬件设施

高校要建设创新创业实践基地，首先要具备实践基地所需要的基本的硬件设施和软件资源。硬件设施主要包括计算机、各种用于教学的多媒体设备、理工科开展实验的场所和各种仪器设施、电子通信的控制室以及模拟仿真工作室等。软件资源是各高校建立的创新创业服务平台、学校的网络电子数据库、方便学生上网查询资料的信息共享空间以及现在基于大数据的校园建设等新一代信息技术等。

2. 雄厚的师资力量

高校教育是面向世界、面向未来的教育，必将应对国际范围内的激烈竞争。高校教师作为高校教育的实施主体，必须迎接新的挑战，这就要求高校师资除了要具有一般的知识能力，还应有在科学发展前沿的国际竞争环境中保持高度适应性的能力。建立高校大学生创新创业与就业教育实践基地的关键是要提高教学质量，归根结底在于高校要拥有一批雄厚的师资力量，学校的专家和创业实践指导教师要具有精良的专业素质、过硬的专业知识、创新创业的实践经验和创业教育的研究成果，同时也可以聘请社会各界的创业精英、职场成功人士和科研单位的科研专家作为创新创业教学和实践指导的兼职教师，不断完善高校的师资队伍建设。

3. 完善的管理制度

要使创新创业和就业教育一体化建设有序进行，保证实践基地的顺利运行，制定完善的创新创业和就业教育实践管理制度是一项必须要完成的工作。只有在管理制度的约束下，才能保证创新创业与就业实践基地有序地发展，才能使大学生真实地接触社会，在创新创业基地中激发自己的创新思维和创业活力，将创业意识转变成创业实践，并不断增强自己的创业和就业竞争能力。

4. 有效的信息收集

“互联网 +”时代的创新创业与就业教育一体化建设，还要建立大学生创新创业实践基地，对毕业大学生的就业信息做有效的收集，然后对收集来的信息进行整理汇总，形成对大学生创新创业和就业反馈的评估系统。这样对高校及时了解市场社会需求和创业现状、对学生的创新创业和就业实践基地具有指导性的意义。

（三）加快推进创新创业与就业教育一体化网络平台建设

当今社会处于一个大规模生产、分享和应用数据的时代。在大数据时代，积极探索“入学教育—职业生涯规划—综合素质拓展—就业指导服务与毕业教育”四位一体的全程化网络就业指导教育体系是非常有价值的。大数据时代正在改变人们的生活，改变人们对世界的理解方式，探索建立毕业生与用人单位人才供需网上交互平台，实现人才供需的网上精准对接，正是大数据作为一种新型商业资本提供的新型服务，并在就业参考方面发挥着重要的作用。如 2018 年 12 月，贵州大学就依据本校大学毕业生的就业情况大数据分析，发布了《贵州大学 2018 届毕业生就业质量年度报告》，为大学毕业生们提供了清晰的就业指导。积极搭建就业指导服务网络信息平台，更好地完善就业创业工作，为毕业生提供更多的就业创业机会，是时代的要求，我们需要做好充足的准备迎接大数据技术给我们的工作方式带来的巨大改变。

因此，建立基于大数据的“互联网 +”创新创业与就业教育一体化网络平台建设势在必行，要充分发挥互联网的创新驱动作用和开放创新优势，以促进就业创业和创新为重点，调动社会力量，加快创新工场、创客空间、社会实验室、智慧小企业就业创业基地等新型众创空间的发展。综合利用国家自主创新示范区、科技企业孵化器、大学科技园、商贸企业集聚区、小微企业创业示范基地等现有条件，通过市场化方式构建一批创新与就业创业相结合、线上与线下相结合、孵化与投资相结合的众创空间，为大学生创业者提供低成本、便利化、全要素的工作空间、网络空间、社交空间和资源共享空间，加快推进“互联网+”就业创业教育一体化网络体系建设。同时，还可利用大数据和互联网技术建立跨区域的创新创业与就业一体化教育联盟，为学生搭建线上、线下的创新创业与就业教育和指导服务平台。在此基础上，进一步探索创新创业与就业一体化的社会合作模式，高校和其他社会相关资源有效整合在一起，为学生的创新创业与就业活动提供真实可靠的指导。

六、创新创业人才培养模式的考核设计

创新创业人才培养模式的落实必须对人才培养模式的考核进行再设计，建立考核方式模型图，如图5-10所示。

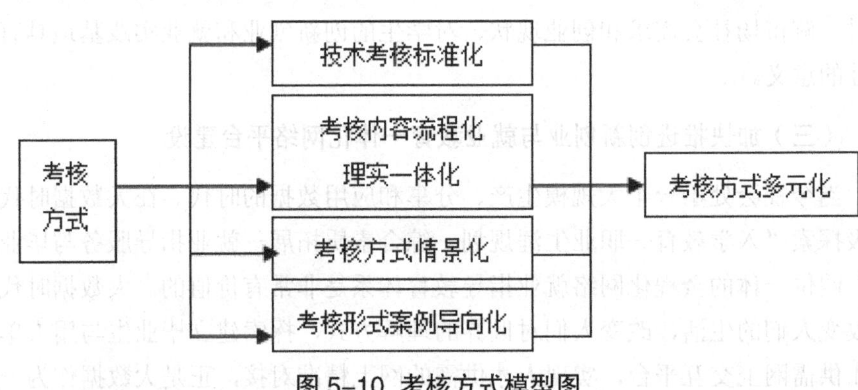

图5–10 考核方式模型图

创新创业人才培养模式的考核方式为：技术考核标准化、考核内容流程化和理实一体化、考核方式情景化、考核形式案例导向化。在考核改革环节，我们也可以采用更为灵活的方式，如以赛代考，特别是与职业技能竞赛相结合，将竞赛内容引入考核环节，将竞赛评分标准作为我们的考核评分标准，实现课程内容与竞赛内容的无缝衔接。

总之，创新创业人才培养模式的考核设计的核心是让学生掌握核心知识要点的同时具备“会做”和“灵活去做”的能力，即采用理论与实践高度融合的考核方式，只有这样才能培养出真正的创新创业型人才。

第六章　高校创新创业教育的课程体系建设

创新创业教育是近年来在高等院校发展起来的一种新型的教育理念，越来越受到重视。因此，在我国研究并实施创新创业教育具有现实和深远的意义。构建高等院校创新创业教育课程体系，推进高等院校的课程改革，研究出具有中国特色的创新创业教育发展策略，是当前高等院校面临的重要问题。本章分为高校创新创业教育实施途径、高校创新创业教育课程体系建设的理论基础、高校创新创业教育课程体系的建构三部分。主要包括：创新创业教育必须与专业教育紧密结合、创新创业教育必须与课程改革无缝对接、高等院校创新创业课程体系的构成等内容。

第一节　高校创新创业教育的实施途径

一、创新创业教育必须与专业教育紧密结合

（一）专业教育是创新创业教育的基础

高等院校教育的基本责任就是对学生进行专业教育，而且实践证明，扎实的专业知识是创业成功的基础。创新创业教育理念的提出和实施，对专业教育提出了新的要求。高等院校培养出具有创新精神和实践能力的综合性高素质人才，使毕业生不仅是岗位的求职者，而且能够成为岗位的创造者。高等院校开展创新创业教育，积极探索和开创创新创业教育的新模式，一切教学活动围绕着激发学生创新思维、树立创新意识、培养创新能力展开，努力将学生培养成综合能力强的高素质人才。

《中华人民共和国高等教育法》明确指出专业教育是高等院校要承担的基本职责，如果一味强调创新创业教育，而忽视专业教育，就会喧宾夺主、舍本逐末，导致创新创业教育成为无源之水，无法实现我们的人才培养的目标。经

研究表明，近年来成功创业的大学生，都具备了扎实的专业知识。因此，没有科学专业的训练、基础知识的积累，以荒废学业为代价进行创业终将失败。所以，高等院校要在专业教育的基础上进行创业教育，将创新创业教育与专业教育结合起来。

目前，我国高等教育事业发展迅速，积累了很多宝贵的教育经验，但是专业教育的教育思想、培养模式、教学内容、考核评价等教育机制并不适合创新创业教育，不能适应经济发展对人才培养的要求。高校应该积极探索、开创创新教育的教学模式、发展途径、教学内容，将专业教育的过程有效地融入创新创业教育中，用专业教育促进创新创业教育的发展。

（二）促进专业教育与创新创业教育的有机融合

目前高等院校面临的新使命即开展创新创业教育，促进专业教育与创新创业教育的有机融合。为了实现这一目标，首先，高等院校要转变传统的教学理念，充分认识到创新创业教育的重要性，理解创新创业教育本质上是专业教育的深化和延伸，是时代赋予高校的新使命；其次，高校应该建立新的人才培养机制，以社会需求为导向调整专业结构，由单一的专业培养向多学科的综合培养转变，促进人才培养与社会发展需求、创新创业需求紧密结合；再次，建立健全教学课程新体系，根据高等院校创新创业人才培养的目标，充分发掘各类专业课程中与创新创业相关的教育资源，实现创业教育与专业教育的交叉、渗透、融合，同时开设选修课程，加强对大学生创业意识、创新精神、创业能力的培养，丰富创新创业的教育课程资源；最后，搭建创新创业实践平台，为了使大学生在专业创业实习中更好地认识到创业的艰辛，锻炼大学生的创业能力，使其积累一定的创业经验，高校应该积极搭建有利于专业教育与创业教育有机融合的实践平台。专业型的创业教育课程，是指以培养创业专业性的人才为主，开办创业学专业教育或开办创业学辅修专业。可以分为以下几种基础课程。

①创业哲学，其主要是创业的社会存在、社会意识、思维方法以及人的主观能动性等内容。培养创业的辩证思维能力、社会发展规律把握能力以及探索真理的勇气和远大抱负。

②创业管理学，其主要是创业的组织管理、市场经营、财务管理等内容。培养创业者的管理知识以及开拓市场的能力。

③创业心理学，其主要内容是创业的心理发展、心理素质、心理分析等。培养创业者的独立、坚韧、适应、合作等创业心理品质，使其克服创业过程中的依赖、自卑、好高骛远等行为障碍。

④创业环境学，其主要是创业的政治、经济、市场、政策等内容。使创业者面对环境、政策、资金时要有清醒的认识，能够解决创业中不利环境和不利条件带来的问题。

⑤创业营销学，其主要是创业的团队组合、计划实施等内容。使创业者具备在企业生存和发展过程中所必须掌握的资源。

⑥创业经济学，其主要是经济运行机制分析、市场运行机制分析、知识经济等内容。培养创业者根据创业期特点，运用经济知识的能力。

⑦创业设计学，其主要是创业的原始条件分析、创业流程设计、企业绩效评价等内容。培养创业者在原始设定条件中开办和发展企业理念的能力。

⑧创业机会评估，其主要是创业市场机会的 SWOT 分析等内容。培养创业者正确认识创业机会的能力，并且能深刻了解机会的作用，这是创业者创业成功的前提和基本保障。

⑨创业仿真，其主要是企业成长期、稳定期、挫折期的计算机仿真案例分析内容。培养创业者针对具体问题提出对应策略的能力。

（三）创新创业教育与专业教育无缝对接的路径

1. 培养方案的研究

在高等院校创新创业发展过程中，应该不断探索教学模式，形成多元化的教学方法。研究全面的教学方案是实现人才培养的主要路线。从发展阶段来看，可以根据地域差异，形成特色化的创新创业教育培养方案，刚开始进行创新创业教育的高校，可以侧重于创新创业教育观念的普及和社会资源的发掘，对于有创新创业教育相关经验的高校来说，可以侧重于相关资源的整合利用，开展新的创新创业教育理论以及实践研究；从学校的类型来看，普通教学型高校可以重点关注创业知识和创业能力的培养，为社会经济发展做出贡献，综合性研究型高校可以重点培养学生的创业意识和创新精神，培养出拔尖的高素质人才，为国家创建创新体系做出贡献。

2. 做实课程教学领域的改革

创新创业教育是一个涉及众多学科的综合性学科，在进行创业教育课程设置的时候要跨学科、有创造性地设计。不仅是要把创新、创业设计融入专业教学之中，还要重视学科之间的互补性和综合性。首先，重视课堂教学改革，创新课堂教学内容，更新专业知识，提升课堂学习效率，激发学生的创造性和积极性。其次，在专业教育的课堂上增强对学生创业意识和心理素质的训练，提

升学生的创造力和自信心。再次，重视课程体系改革，明确指出专业课程体系中哪些是创新创业课程，占整体课程体系的比例是多少，有多少课程是面向全体学生开展的，又有多少课程是只针对创业学院的学生开展的。创新创业课程中，学分的结构安排，必修课、选修课、可选课的比例分布都要明确。最后，强调理论课程与实践课程的结合，丰富课堂内容的同时，增强创新创业教育的可操作性。同时，优质合适的创业教育教材和先进的教学方法也非常重要，高校可以鼓励创业教育教师研究和开创新的创新创业教育理论，形成具有我国特色的创业教育教材，以及适合我国大学生的创新创业教学方案。

3. 强化创新创业教育师资队伍

创新创业教育是一门理论性和实践性都很强的课程，对教师的学识、经历、经验要求都非常高，因为这直接关系到创业教育的教学质量。在培养创业教育教师的过程中一定要注重创业实践性的培养，首先，要制定一定的奖励措施，激发教师的热情，使其积极参与到企业咨询、研究活动中，体验实际的创业过程，获取实践管理经验。其次，学校要为教师营造出良好的创业氛围，为教师创业提供宽松、自由的环境。再次，开展“产、学、研一体化”的实践，对教师自己研究的具有社会前景的项目给予支持，鼓励其去创业，不但能够给教师带来实践经验，也能够给学生树立榜样，提升学生们的创业信心。最后，建立实践基地，为创新创业教育提供实践场地，搭建起理论和现实之间的桥梁。开阔眼界、转变观念、更新知识，在实践中提高自身素质，成为专家型教师。

创新创业教师的培养模式应该包含学科知识、专业知识、职业规划和创业实践这四个方面。我们需要探索更多新的包含上述四个方面的培养模式，借鉴国外发达国家的先进经验，不断地完善我国的培养模式，培养出更多、更专业、更优秀的创业教育教师。还可以聘请一些成功人士来学校担任兼职教师，参与研究工作，因为他们不但具有学术背景，还有着丰富的实践经验。聘请有着丰富创业经验的兼职教师，可以丰富课堂的教学内容，不但能够提升课堂的教学质量，而且能够增强学生的创业信心。

4. 推进创新创业教育落地生根

积极推进创新创业教育落地生根。首先，高等院校要重视创业文化的建设，第一课堂与第二课堂相互促进，共同发展。通过举办一系列的大学生社团活动、创业论坛、创业设计竞赛等，加强学生之间的交流。其次，学校要加强创新创业教育理论与实践的结合，积极推进创业产业园、孵化基地的建设，用大量实际案例进行教学，成功案例和失败案例共同组成教案，讲述谋略、方法与技巧，同时加强校企合作，为学生提供大量的实践机会，对于重点的学生可以进行专门的辅导，引导有创业热情却没有付诸实践的学生走上创业之路。最后，学校可以开发一批创业项目，结合本校专业教育资源开发出可行的创业项目，并策划出具体的实施方案，组织学生参与创业项目实践，真正地面向社会和企业，获得实战经验和实战能力，进一步提高大学生的创业能力。

二、创新创业教育必须与课程改革无缝对接

（一）确定创新创业教育的目标方向

高等院校的创新创业教育是一项持续发展的教育活动，必须严格按照人才培养的目标进行资源整合，推进各项相关工作的进程。高等院校需要注重创新创业思想教育，明确人才培养目标，按照计划在规定期限内完成对人才的培养工作。高校要将其他教育中各种与创新创业相关的资源融入创新创业教育，借助校外资源的力量，开展校企合作人才培养模式，为创新创业教育的发展提供有力支撑，促进高校培养出符合社会经济发展需要的创新创业人才。

（二）加强创新创业教育的能力提升

高等院校的创新创业教育与普通学科教育不同，它更加注重创业基本能力的培养。因此，高等院校的创新创业教育课程，不仅要考虑创新创业理论知识方面，还要开设与创业事业相关的能力培养课程，如法律事务、经营管理、人力资源等。教、学、做一体的课程体系是实现创新创业教育的基本保障，是高等院校发展创新创业教育的必然要求，是培养创新创业人才的实际需求，更是我国高校创新创业教育取得实际效果的关键。

（三）着力营造创新创业的文化环境

很多学者都认为，第二课堂的教育作用与第一课堂同样重要。而且对学习动力不足、对枯燥的理论知识缺乏兴趣的学生来说，第二课堂潜移默化的方式对学生创业素质和能力的培养更有效。高校可以开展创新创业类的社团活动，一方面，将学生们在第一课堂上学到的理论知识运用到实践活动中，加深记忆，提高学生的创业素质和能力；另一方面，在社团活动中，可以锻炼学生的组织管理能力、协调能力、沟通能力，提升学生的职业素养。

（四）建立创新创业的实战基地

创新创业教育是一项理论与实践相结合的课程，实践是创业教育非常重要的环节。高校可利用大学生创业园或实践基地，积极开展创业实践活动，为大学生提供校内的创业机会，让学生们体验创业中的艰辛、困难、挫折、机遇、成功，从而培养大学生的独立性、适应性、风险承受能力和创业能力，为以后的创业积累经验。建设大学生创新创业实践平台，主要包括资金支持、实践基地和技术指导三个方面的内容。高校要对创新创业实践项目给予一定的资金支持，并且配备有创业经验的指导教师，对大学生创业项目的具体操作和选择给予支持和指导。

三、创新创业教育必须与课程改革协同一致

格瑞德（Gerald）深度调查了15位在创业教育领域有极高声望的教育者，得出了影响创业教育的因素：教育目标、管理与课程发展议题、课程特性。

（一）教育目标

经研究发现学生对新鲜事物的熟悉过程是一个循序渐进的过程，那么我们提高学生对创新创业事业的熟悉程度，就有利于学生对自己今后的职业生涯进行科学的规划。因此，研究者进行了对创业课程重要的目标重要性排名，如表6-1所示。

表6–1 对创业课程重要的目标重要性排名

对创业课程重要的目标	重要性排名
增加学生对新创事业创始与管理过程的了解	1
增加学生对创业生涯职业选择的了解	2
增加学生对管理功能相互关系的了解	3
能够对创业者的创新才能进行评价	4
了解创新公司在经济中所扮演的角色	5

（二）管理与课程发展议题

这15位在创新创业教育领域有着较高声望的教育者，经过多年的研究，提出了以下他们认为在管理与课程发展方面非常重要的议题。

①开发出新的创新创业课程，高校的管理层和决策层要充分提高对创新创

业的重视程度。

②培养和选聘具有课程开发能力和水平的人才，作为从事创新创业教育的专职教师。

③创新创业教育面向全校学生开展，并且根据课程内容和教学结果给予学分。

④创新创业课程的作业与常规性的作业不同，布置应该是灵活多样的。

（三）课程特性

经过讨论研究，提出了创新创业课程发展的新模式。

①创业计划书，创新创业课程的入门课程就是要求学生了解一份创业策划方案，然后基于这份方案开发出进阶课程。

②企业生命周期，这里讲述的是创业企业从资金募集到成立公司，详细地介绍公司的各个发展阶段。

③公司效能，主要是根据创业企业的发展需要，开展与创业管理相关的课程。他们认为创新创业教育与常规课堂教学不同，课程开发要以实践引导为主，为此他们对创业课程的重要性事件进行了排名，如表 6-2 所示。

表 6–2　创业课程的重要性事件排名

创业课程的重要性事件	重要性排名
创业计划书	1
创业者作为客串讲师进行授课	2
个案分析	3
演讲	4
文献探讨	5

费特（Fiet）对澳大利亚 18 份创业课程的大纲进行了分析之后，发现这 18 份创业大纲包含了 16 个不同的主题，被提到最多的几大主题分别是：策略竞争分析、成长管理、产生创意、风险管理、创造力，除此之外的主题都是从比较成熟的领域衍生出来的。这就说明，目前创新创业教育课程种类多，而且各个学校的分类不同，有着明显的差异。

罗宾逊（Peter Robinson）对创业课程质量评价进行了研究，发现其评价主要是针对课程能够得到的资源支持和课程的发展环境如何。建设质量和社会声誉高的课程，会得到更多的资源投入以及教育机构、研究院校的支持，吸引更多的社会组织加入课程建设当中，从而使课程建设变得更加多元化，进一步提升课程建设质量。并且像社团、俱乐部、特殊兴趣团体等都会为此类课程提供赞助。

四、创新创业教育必须与校园文化深度融合

随着经济社会的发展，创新创业教育已经成了当代大学生重要的行动纲领和教育要务。所以，发展高等院校创新创业文化、开展创新创业教育是培养高质量人才的核心和关键。

（一）创新创业文化是经济社会发展的重要引擎

自19世纪90年代起，美国就发展成世界最强大的经济体，并且长盛不衰，这与美国深远的创新创业文化有关。此前，美国商务部知识产权官员戴维·卡普斯曾明确表示美国经济发展的基石就是创新，自第二次世界大战结束，75%的经济增长都是依靠创新和技术革新。相关调查结果显示，美国参与创新创业的人数占人口总数的比例，在欧美发达国家经济体系中遥遥领先。这充分说明了创新创业文化在社会经济发展中的重要作用。

（二）高校教育是引领创新创业文化发展的重要力量

教育的本质是文化活动，而文化的生命力在于它不断的创新。高校教育是传承国家和民族文化的重要载体，受到传统文化、社会政治经济、时代更新等诸多方面的影响。教育和文化有着深层次的本质联系，如果说教育的主要功能是文化传承，那么高等教育对社会文化的传承具有更重要的意义，是对旧文化的批判，并推动整个社会文化前进。高等教育的特殊功能之一就是批判和创造文化，这是社会文化的必然选择。大学是知识和人才的聚集地，是科学、技术、文化的发源地，这是高校发展创新创业教育的独特优势。高等教育的核心使命就是培养人才，培养出支撑未来社会发展的高素质人才。

（三）培育创新创业文化是改革与发展的内在要求

目前，我国高等教育发展面临两大重要问题：一是如何持续提升教育教学质量的问题；二是如何保证大学生毕业就业的问题。当今社会，如果高校教育还是一味地培养高级的专业知识人才，是不能满足社会需要的，需要知识与能

力结合，培养高素质的综合性人才。我国社会经济转型，能够提供的岗位不足，大学生就业形势严峻。“以创新引领创业，以创业带动就业”，是解决大学生就业难问题的重要途径。创业是一种高端的就业方式，鼓励大学生积极创业，激发大学生的创新创业潜力，从而创造出一大批的新兴创业公司。创新创业不但是高等院校完善发展的要求，又是大学生自我价值实现的有效途径，更是未来我国经济发展的希望。很多高校都开展了大学生创新创业指导与服务中心，帮助和支持大学生创新创业。

（四）创新创业文化需要通过多途径培育

高等院校发展创新创业文化的基本途径就是开展创新创业教育。传统教育主要是对知识的传授，培养高级知识人才，与传统教育不同，创新创业教育培养的是创新思维、创新精神、冒险精神、创业能力，是实践性非常强的教育活动，是对学生综合素质和能力的培养，挑战性更大。可以从以下几个方面开展。

①要重视创新创业平台建设。目前，我国开展创新创业教育的大学都开始积极建设创新创业中心或者大学生创业园，鼓励大学生进行创新创业实践，为其提供相应的硬件设施以及相关的服务、支持、资助和奖励等软环境。

②重视学生社团组织的纽带作用。高校在大学生创业过程中可以提供必要的支持，但是不能进行过多的干涉，应鼓励大学生自己设计、自己创造、自己成长。可以利用大学生社团的力量，将兴趣、志向、目标一致的人组织到一起，相互交流、相互启发、共同发展。

③重视榜样的教育力量。目前，我国从事大学生创新创业教育的教师自身并不具备丰富的创业经验，不能为学生提供相应的实践经验。为此，高校可以开发校外资源，联系成功的企业家、创业成功的校友来校进行创业讲座，或者组织师生到企业进行实地考察，多方面地开展创新创业教育。

④正确理解创新创业的适度性。对于大学生创新创业来说，单纯地强调技术的创新性和领先性既不现实也没有必要。例如，阿里巴巴并非互联网的创建者，但是却发展成商业化互联网的领先者。所以对初创企业来说，生存和发展的关键是对社会需求的感知和把握。

第二节　高校创新创业教育课程体系建设的理论基础

一、对高等院校创新创业教育课程体系建设的基本认识

在高等教育改革中，课程体系的建立与研究越来越重要，它与大学的其他各项建设都有着密切的关系。从学科、专业的角度来说，课程是支撑与组成教学活动的基本单位，学科、专业与课程之间有着层级关系，课程具有基本单位的功能，虽然是比较微观的层面，但是对宏观层面的发展有着重要的作用，影响着每个专业的教学大纲、教学计划、教学进程，使各专业的教学活动都聚焦于此；从组织、文化的角度来说，课程是大学管理的基本单位，大学的组织与文化往往是以学科为单位的，学科的发展与形成受到知识体系本身与社会分工的制约与影响，所以，学科是知识与社会在大学中的一个载体。对于学科而言，专业是一个相对较小的单位，它同样受到社会分工的影响，也受到学科及其发展的影响，同时也反作用于学科的发展。

（一）创业是创建新事业的过程

创建新事业，不仅是指创建新的实体企业，而且包含对个人职业生涯的拓展，既包含营利性组织，也包含非营利性组织。创业的本质是对创新精神的实现，而只有将智力因素和非智力因素相结合，进行创业知识、创业意识、创业能力教育，才能培养出具有创新精神的人才。创新精神的基础是创新知识的学习，创新精神的增长依靠创新意识的培养，创新精神的综合能力则体现在创新能力的水平上。高等院校可以在素质教育的基础上，以创业能力为核心，开展创新创业教育，全面提升学生的综合素质，提高创业能力。

（二）系统全面的创业教育

想要全面系统地进行创业教育，具体来说，首先应该培养和引导学生的创业意识，在教学过程中创造创业氛围，激发学生的创业意识；其次，传授学生们创业知识，并且引导学生创造性地运用知识，提高综合素质；最后，引导学生进行创业实践活动，通过创业实践发现问题、解决问题，更好地掌握和运用所学知识，为今后的创业打下坚实的基础。

（三）创业教育的实施需要多途径综合

开展创新创业教育，首先要转变大学生的就业观念，做好思想教育工作，

鼓励大学生将自己所学到的专业知识与自己的兴趣结合，创造自己的人生价值和社会价值；其次，开发创业教育课程，为学生构建知识结构，除了传授创业所需的基础知识，还教授侧重于管理理念和管理知识运用的课程；最后，开展大学生创业实践活动，让大学生实际体验创业的过程，同时成立专门的管理机构，指导和帮助学生解决创业过程中遇到的问题。

二、高等院校创新创业教育课程体系建设的基本特点

（一）在教育理念上的创新

我国传统高校课程重视理科，“学好数理化，走遍天下都不怕”就是这种思想的反映。大学过强的专业教育，一方面有利于满足经济社会对本科专门人才的需求，但也将在客观上使得高等教育的功利性色彩日益浓厚。过分强化专业教育，将造成教育模式在培养人才综合素质方面的局限性。专业教育知识面窄，文化熏陶程度弱，导致学生没有足够的科学视野和文化底蕴，知识面过窄，创新精神缺乏，社会价值观和道德感不强，对本专业以外的社会责任、环境、人文等问题缺乏责任意识。虽然“以人为本”的课程理念得到了普遍认可，但是在实际课程建设过程中如何落实“以人为本”仍然受到争议。高等教育课程建设新的理念是什么，今后的发展方向在何方，在高等教育课程界，仍需进一步探讨。

长期以来，在中国的教育环境中，侧重的是对学生理论知识的培养，强调学生对知识维度、知识结构的掌握情况，忽略了学生素质水平的提升。随着我国经济的发展，社会对人才的要求发生了改变，高校要对应社会需要培养出相应的人才。要转变传统的教育理念，将传统的应试教育转变为创新创业教育，培养学生们的创业意识，激发学生的创业热情；在传授知识的同时，教会学生如何创造性地运用知识；通过模拟创业训练和创业实践活动，全面提升学生的创业能力，增强学生的综合竞争力。创新创业教育理念的提出，使高校在培养人才方面，变被动为主动，变消极为积极，培养出符合社会需要的人才。

（二）在人才培养模式上的创新

在以往的高等院校教育中缺乏理论性与实践性的有机结合，培养出来的毕业生虽然具有一定的理论基础知识，但是毫无实践经验，仅仅是停留在纸上谈兵的阶段，缺乏创新思维，就业困难。随着社会的发展和进步，毕业生不仅要掌握一项专业的技能，而且要具备创新能力和实践能力。因此，高校在人才培

养模式上要进行改革，将理论知识与实践知识相结合，改革人才培养方案，从而实现人才培养理论性和实践性整合的大胆尝试。

（三）在课程体系构建上的创新

通过建设立体化的课程体系来培养创新创业人才。将理论教育与实践教育相结合，将知识教育与体验教育相结合，采用全员、全方位、全过程的人才培养方式，将各类资源进行整合，合力开展创业教育。为了形成全面发展的人才培养格局，将第一课堂与第二课堂结合起来，通过校内文化活动与校外社会关系结合，弥补学校培养人才的短板，进而提高学生的创业意识、创新能力、创业技术等。

第三节　高校创新创业教育课程体系的构建

一、高等院校创新创业教育课程体系的特点

（一）培养学生的创业意识

高校在进行创业教育的过程中，要积极培养大学生的创业意识，树立创业理念，不断提高大学生的综合素质水平。在通识教育课程中开设“创业学”“创业规划与管理”，培养学生的创业思维；在基础课程中开设“大学生职业生涯规划与指导”，培养大学生的创业意识；在专业课程中开设“市场营销学”“现代管理学”，丰富大学生的文化基础。

（二）培养学生的创业能力

高等院校可以组织学生参加一些国内外、省市举办的创新创业大赛，高校不仅能够学到更多成功的经验，改善本校创新创业人才培养的模式，也能开拓学生的视野，从而提高创新创业的能力和水平。同时，高等院校也可以组织一些校内的创新创业大赛，鼓励学生们积极参加，相互沟通、相互促进，还可以邀请知名的企业来参加，从社会的角度来评价大学生创新创业的能力和水平，这样的评价结果更加科学、客观、直接。创新创业大赛的举办也能扩大学校的社会影响力。

（三）积累学生的创业经验

创新创业教育涉及创业实践活动，大部分的院校都会为学生搭建一定的创业实践平台。部分高校会在校内创建大学生创业园区，园区内尽可能地为学生的创业活动提供各种服务；学校还会开设相应的课程，有针对性地举办真实的经营实践活动，使学生能够感受市场、接触市场。高校通过开展创业实践教育活动，进一步促进了创新创业教育的发展。

（四）提升学生的创业能力

大学生创业的前提和保障就是其创业能力。高校创新创业教育应该在培养大学生创新意识、创新思维的同时，重点培养大学生创业的专业能力，将创业教育与专业教育结合到一起，进一步提高学生的创业能力。学生在专业领域、专业基础上发展起来的创业能力更加强大，以此为基础进行创业活动，可以进一步提高创业成功率。

二、高等院校创新创业课程体系的构成

（一）全校通识教育课程

高等院校在进行课程设置时可以采用学科互补的原则，与培养创新创业教育综合素质相关的学科结合。在教育过程中引导学生关注经济问题、社会问题以及其他问题，从而提高学生们的观察能力、思维能力、判断能力。具体包含以下几个方面。

①设置基础课程，强化学生们的基础知识，提高其人文素质和科学素养。

②设置文理交叉渗透课程，培养学生从不同角度看问题的能力，使学生可以综合地运用多学科的知识解决问题。

③设置跨学科、边缘学科课程，可以开拓学生的视野，使其知识更加广博，加深学生们的文化底蕴。

（二）创业教育基础课程

创新创业教育基础课程的设置主要包含四个方面：一是创新知识，包括创新思维、创造技能、适应与求变等；二是决策知识，包括获取信息、检索情报、反馈调节等；三是现代管理，包括组织行为、人力资源、信息系统等；四是社会活动，包括人际交往、合作共事、公共关系等。具体的课程体系要围绕创办创新企业的过程来进行，从创新意识和创新思维的培养，到识别机会和评估机

会，再到创办新企业。

（三）创业教育专业课程

创新创业教育过程中也要重视专业课程的设置，很多创业大学生的成功案例都表明，其现在从事的创业事业与在学校学习的专业是密切相关的。因此高校在进行创新创业教育的同时，也要注重其专业素质的培养，使其形成扎实、全面的专业知识基础，使学生能够在创业过程中展现强大的专业能力和创新能力。

（四）创业教育实践课程

要构建相对完善的创业教育实践体系，只有真正的实践教学环节，才能有效地提升学生的创业能力。将创新创业教育基础课程、创业教育专业课程与创业教育实践课程结合起来，通过网络虚拟商业社区的建设，为学生提供实践平台。此外，还可以通过校地、校企合作的方式，将学校的研究成果进行转化，进一步加强学生的创业教育实践环节。

三、高等院校创新创业课程体系案例分析

（一）A高等院校创新创业课程实施案例

A高等院校按照国家对高校学生创新创业教育的要求，结合大学生身心发展的特点，对创新创业教育课程进行了设置和安排，如表6-3所示。

表6–3 A高等院校创新创业教育课程设置和安排

课程名称	理论学时	实践学时	总学时	总学分	开设学期
创新思维与创业教育（必修）	10	26	36	3	2～3学期
创业技能实践（选修）	8	22	30	3	2～5学期
人力资源管理（选修）	8	22	30	3	2～5学期
劳动法（选修）	8	22	30	3	2～5学期
合同法（选修）	8	22	30	3	2～5学期
企业经营管理（选修）	8	22	30	3	2～5学期

1. 确立的基本理念和教学体系

创新创业教育课程的设置和安排是根据高等院校的办学定位、高校开展创新创业教育的最终目标来进行设置的。坚持以培养创业能力为核心，与创业基础教学、创业模拟实训、创业模拟实战三方面有机结合，以此为主培养创新创业人才。课程设置的基本理念主要是传授知识、培养素质、培养能力，并以多种形式配合课程实施。利用创新思维教育、职业规划教育、沟通与交流教育，配合模拟教学、实践教学、理论教学，最终培养出高素质的创新人才。

2. 教学模式上实施单元教学

确定教学目标之后，就要确定教学模式来实现教学目标。创新创业教育教学模式要始终坚持“以人为本”的基本理念，确定在教学过程中大学生的主体地位，对影响教学过程的诸多要素进行分析，从而设计出一整套的教学计划。A 高等院校创新创业教育课程教学模块如表 6-4 所示。

表 6–4　A 高等院校创新创业教育课程教学模块

序号	教学模块	教学目标
1	创业思维与创业教育	学会创新思维的方法与技能，掌握创业的八大能力的要求，初步具备企业家的精神
2	创业技能实践	对于有创业要求的学生，重点进行八种创业能力的教育，使学生具有企业家的精神与能力
3	人力资源管理	学会工作分析、招聘、培训、职业生涯管理、绩效评估薪酬管理等人力资源管理问题的分析方法，从而提高分析与解决人力资源管理实际问题的能力
4	劳动合同法	熟知中华人民共和国境内的企业、个体经济组织、民办非企业单位等组织与劳动者建立劳动关系，订立、履行、变更、解除或者终止劳动合同的程序与条款，加强维权意识
5	经济合同法	熟知购销，建设工程承包、货物运输、仓储保管、财产租赁、借款、财产保险等合同的程序及要求，加强维权意识

3. 构建开放的教学模式，增强实践教学环节

高校对大学生进行创新创业教育的主要课程就是“创新创业教育课”，这门课是培养创新人才的主要途径，高校主要是培养各种专业人才，因此，为了

发展创新创业教育，需要结合各门课程的内容和特点，研究出多样化的教学方式，开展相应的实践教学活动。

①高校可以不定期地组织学生到与其专业相关的企业进行参观、考察、调研，或者是到校企合作的对口单位体验真实的岗位工作情况。需要注意的是，学校在选择合作企业的时候，一定要选择有代表性、有意义并且合乎实践教学意义的企业。

②高校还可以邀请企业家、创业成功人士、企业技术人员等来校讲座，用他们的实际经验传授学生们相关的岗位知识以及相关领域的发展现状与前景，并且与师生进行相关的交流和讨论。

总而言之，创新创业的实践教学模式，应该采用校内校外结合的形式，可以让教师和学生走出去，到企业中学习，也可以请成功的企业家、创业人士来校进行授课、讲座；也可以远近结合，本地与外地之间开展跨区域的合作；还可以进行点面结合，大班集中开展结合小班分组开展。

4. 采用先进的多媒体技术及灵活多样的教学方法

现代多媒体技术非常先进，在创新创业的教育过程中可以直观、生动、形象地将教学内容和教育思想表现出来，从而改变了以往的教学内容的呈现方式、学生的学习方式、师生的互动方式等，使创新创业的教育效果更好。此外，教师还可以根据教学内容的不同灵活选择教学方法，如案例教学法、项目教学法、小组讨论法等。

5. 建立健全科学的考试考核评价体系

由于创新创业教育的特殊性，其考核评价方式应与其他学科单一以期中期末成绩评价学生能力的方式不同。为了更全面地评价学生对创新创业知识的掌握和运用能力，可以将学生成绩分成 2 个部分来考核，总分 100 分的话，平时成绩占 70 分，主要考核学生的出勤情况、课堂表现、小组讨论、作业完成度、撰写职业生涯规划书的能力；期末成绩占 30 分，主要考核学生对材料的分析能力，以及其创新思维与创新能力。这样的考核方式既能激发学生对创新创业教育的积极性，又能够在期末的时候验收教学效果。

（二）北京吉利学院创新创业课程实施案例

北京吉利学院积累了很多新闻教学经验，特别是在突出新闻教育的时代性、实践性方面取得了突出的成绩。但面对移动互联网时代传媒业日新月异的发展，怎样将“培养出顺应数字信息时代发展所需的复合应用型人才”这个目标落实到课程体系及实训平台建设，落实到教学的原则与方法上，依旧是值得深思和探讨的话题。

1. 调整课程体系

这几年，学院构建了一些实训平台，目前有“吉利视频”“吉利青年报”“人文之声微信平台”等校园媒体，很多实操课程也围绕这些平台来设置，但平台和平台之间的关系非常类似于传统媒体集团的运作模式，即各家的子媒体都有自己的发稿系统，子媒体之间资源相对独立，不能共享。这样虽然便于安排教学时间和人员，但也导致各门课程各自为政，很难形成合力，平台质量难以提高。更重要的是，对于“网络与新媒体”专业来说，培养“全媒体记者和编辑”的意识及能力本来是专业的重点，但这种割裂的课程和实训平台反而弱化了这一点。

“中央厨房”是媒体集团近几年为应对融合发展的趋势而采取的应对措施，其核心是“新旧融合、一次采集、多种生成、多元发布”，具体操作上有两点值得我们借鉴。首先是统一采制，“中央厨房”要求集团内混编，成立大编辑部，改变过去集团内各家媒体单兵作战的做法，实现集中采访，采访稿件统一上传平台，统一审稿，各家媒体各取所需。其次是多元呈现，由于“中央厨房”集中了集团内所有传统产品与新媒体产品的生产线与生产能力，能够生成纸媒、互联网、微信、微博、客户端等多元产品，最终在集团拥有的所有媒体平台上发布。

借鉴这些做法，可以把“网络与新媒体”专业的所有同学和老师看作一个大的媒体集团，目前及未来可能有的实训平台就是他们要运维的子媒体。从这个思路出发，调整课程体系和授课方式。低年级的同学就是记者团，他们提供“中央厨房”所需的“原材料”，完成文字、图片、视频的采访，高年级同学就是不同平台的编辑，根据平台的特点制作、完成不同的作品（产品），并完成发布的任务。老师不仅指导任务，还要扮演记者团团长和各个平台总编辑的角色，协调选题和资源。当然，一旦采用这种授课模式，原有的按周来安排课程的排课方式也必须做出相应的调整。其实，实践教学本身就应该以任务为导向，但任务从来就是有时间限制的，更何况是新闻报道。解决方式之一就是集中和分散授课相结合，基本理论和方法的讲授可以在两到四周内集中完成，之后进入实操阶段就以任务为导向，灵活安排授课的时间与地点，以任务的质量和数量来考核教师的授课和学生的学习。

对于“网络和新媒体”专业而言，实操之外同等重要的是意识的培养，和过去的“新闻采编与制作”更加强调完成单一的作品相比，他们还应该深刻地理解平台、渠道、受众、产品、运维这些关键词。相较于按部就班地授课辅以有限的课后指导和操作，更为仿真的媒体环境有利于学生深化对这些内容的理解并在实操中逐渐由意识转化为能力。

2. 解决技术与内容的问题

“网络与新媒体”专业要开设一系列技术类课程，这些课程不仅包括软件的应用、标记语言的使用，甚至还包括编程语言学习和数据库的建设等。这些课程对一向偏重于文科色彩的新闻专业来说，是一个很大的挑战。就曾经开设的数据库建设课程来看，授课效果非常不理想。

新媒体属于互联网的一个细分行业，所谓的“互联网思维”同样适用于新媒体行业，这个问题还是要回归到互联网思维的层面去解决。对于一个互联网产品的设计小组来说，其成员大致由两方面的人才组成：一是互联网技术人员；二是了解所涉及产品的专业知识的人员，具体到新媒体领域相对应的就是精通新闻内容生产的新闻专业人员，整个团队的领导既要精通技术，也需要了解内容的生产。

对照以上互联网产品的制作过程，技术类课程可以从三个维度去设计。首先是授课内容，要以适度且够用为原则，既不能太深也不能太浅。其次是教学方法，应该采取项目化教学，而这个项目一定是新闻作品（产品）。最后是师资，任课教师应该是复合型人才或者不同专业的教师构成的复合型教学团队。

在这三个方面中最核心的就是要围绕新闻作品（产品）来设计课程内容和授课环节。以网页设计为例，可以把“网页设计与制作”和“网络信息资源整合开发”等课程合并在一起，通过一个典型任务（互联网项目）的完成，来解决工具与内容两方面的问题。过去这两门课程分别由两个教师讲授，“网页设计与制作”课程没有针对性，学生提不起兴趣，“网络信息资源整合开发”由于没有技术支持成了纸上谈兵。整合成一门课程后，可以以新闻产品，比如说某个新闻专题网页的完成为核心，给学生讲授从选题策划到内容检索、整合，必要环节的设计再到技术实现的全过程，使学生真正了解完成行业任务时所需的各种知识与技能以及它们之间的衔接与配合。类似的课程还有“编程语言”“交互设计”“数据分析与数据可视化”等。

3. 建设创客中心

在教学中更多地引入媒体资源、网络资源，建设创客中心，互联网时代的教育已经从传统的“一对多”单向模式演化成了“多对多”的网状结构。在互联网世界，一个人接受教育的方式变得全方位、立体化，同时教与学的互动变得无处不在，为了适应这一新的发展趋势，需要在学校教育中引入互联网所提供的教育手段、方法、模式。对于“网络与新媒体”专业而言，由于行业的特点，充分利用媒体资源、网络资源补充课堂教育，搭建创客平台，鼓励学生参与传媒行业的实际运作，不仅必要而且可行。

目前，很多互联网门户公司都提供了面向公民记者的培训课程和实用工具，目的是提高用户的黏性，获得更多的原创内容。对学校教育来讲，这些资源是很好的教学内容，可以作为硬件设施及实训平台的补充。例如，今日头条已经向全部媒体和部分自媒体开放了“头条实验室”，这是一款专为内容创作者提供实时和历史数据分析的工具。如果将这个“实验室”引入采写编课程，就可以使实训环节获得更加贴近社会的选题与报道方向，同时也可以让新媒体专业的同学对基于互联网技术的新的报道手段有更加深入的认识。类似的资源在互联网上还有很多，我们应保持开放的心态，把互联网上众多优秀的公共资源大胆引入课内外教学，对于资源有限的民办学校来说，这种“开门办学”尤为必要。

另一个需要思考的就是类似“内容创业”的问题。在相当长的时间内，传媒业是一个由传统媒体垄断的边界清晰的行业。新媒体的兴起让内容的生产不再为机构和媒体绝对垄断。

根据调查，头条号、一点资讯、天天快报、喜马拉雅FM、蜻蜓FM、优酷土豆、秒拍等十余家平台的内容创业者中，59%的内容创业者没有行业经验，另外31%的内容创业者为18～24岁的年轻人。这些数字勾勒出这样一个事实——相当多的媒体“内容创客”是没有接受过新闻专业系统培养的在校大学生。这是对“网络与新媒体”专业极大的挑战。

为了回应这种挑战，“网络与新媒体”专业在课程和已有的校媒、院媒之外，也需要为学生搭建创业平台，引入自媒体创业教育，完善相关的硬件设施与项目孵化机制，鼓励不同专业的学生跨界合作，在学院甚至学校的层面构建“学习+创业”的新型教学模式。

4. 将以往经验作为课程支撑

按照我们目前的专业定位，我们要培养的是“内容+创意”“内容+技术”“内容+运营”的“一专多能”“跨界复合”人才，而这其中出现频率最高的就是“内容”。需要厘清的一点是，这里谈论的不是媒体多年前就开始争论的是“技术为王”还是“内容为王”的问题，而是新闻教育里如何把“创意、技术、运营”所共同依附的“内容”落到实处的问题。

所谓的“内容+”，也是两方面的问题。首先是过去新闻专业经常提到的一个词“杂家”。新闻专业不能只懂新闻，而要对政治、经济、法律、自然科学等领域的常识都要有初步的了解，关注社会最新发展动向。其次是转化，新闻教育不可能培养出任何一个行业的专家，但与任何一个行业专家相比，他们的优势是最了解媒体，知道哪些内容从哪个角度最有传播价值、最适合传播，在哪个平台通过哪种渠道传播。

为了解决这个问题，吉利学院过去的“新闻采编与制作”（高职）专业开设了两门课程：“听看选评新闻”与“重大新闻报道”，其中一些探索依然值得坚持与发扬。“听看选评新闻课”即要求学生关注当周发生的国内外新闻。在普遍阅读的基础上，从中选出几篇新闻进行点评，然后教师在课堂上进行讲评和引导。

“重大新闻报道”是“听看选评新闻”的延续和提升。它以媒体正在突出报道的重大新闻为重点，组织学生学习有关重大新闻报道的组织策划、报道规律、报道特点、报道流程、报道内容、报道形式等知识和技能；学习重大新闻报道中涉及的有关政治、经济、法律、自然科学等领域的知识。

实践证明，这两门课程在培养学生的新闻敏感度、新闻策划能力方面颇有效果，同时也培养了学生的职业习惯、创新思维和终身学习的能力。

综上所述，北京吉利学院的“网络与新媒体”专业要想办出自己的特色和水平，必须根据行业的发展，开发出与之相对应的课程体系、授课内容与授课方式。为此，可能需要突破的不仅是专业教育本身，还包括很多传统的教育管理模式。

四、高等院校创新创业课程体系建立的保障措施

（一）建立校企合作的实践平台

创新创业教育是一项实践性很强的学科。目前，我国创新创业教育发展缓慢，高校对创业教育实践环节的设置并不能满足学生的需求，而且大部分都停留在校内的创业竞赛和实践活动，缺乏与社会的结合。因此，高校应该建立与社会各界的联动，充分利用社会资源发展创新创业教育，加强与企业之间的联系，形成校企联合。校企合作的方式一方面能够为学校提供更多的实践机会，帮助学生找到更多的创业机会；另一方面对创业教育的宣传也有着重要作用，可提高社会各界对创业教育的认识和支持。与社会资源相结合有利于高校学科课程体系的建设，坚持目标定位—内容整合—结构优化的高校课程体系构建策

略，能够促进高校创新创业教育的发展。

（二）构建专兼职结合的师资队伍

高等院校的创新创业教育是建立在相关专业教育和基础理论教育之上的，这是一项内容丰富、操作性强、涉猎复杂的工程。要想高质量地完成这一工程，必须依靠其核心力量——高水平的创新创业教育师资队伍。目前，由于我国创业教育教师数量不足，不能满足创业教育发展的需要，已经严重制约了我国创新创业教育的发展和教学质量。目前，从事创业教育的教师，大部分本身就没有创业的经验，创业教育的理论知识掌握得也并不熟练，基本都是纸上谈兵，而且对创业教育的研究事业也没有太大的兴趣，没有办法传授学生创业的经验，无法促进学生创业素质的培养。所以，高等院校应该加强对创业教育师资的培养，建立起一支具有良好素质的专兼职结合的师资队伍。

首先，改革教师的聘任制度，多层次地选拔人才，建立起引进国内外优秀创业教育人才的绿色通道，吸收和招聘国内外的优秀创业教育教师来校工作。其次，借鉴国外创新创业教育培养的模式，聘请一些既有专业理论知识，又有实际管理经验的企业家、创业成功人士、企业技术人员等来担任兼职教师。兼职教师可以教授一些专业性强的实践课程，以丰富的实践经验指导学生的创业之路。专业教师和兼职教师相结合组成师资队伍，建立起合理的课程体系，从而促进创新创业教育的发展。

（三）高校学生家庭的支持与配合

在我国传统的就业价值导向是上大学就是为了找到一份好工作，就业单位越好，读书的价值也就越高，如果大学毕业了还是要自己开店或者创业就是没有出息。在这种价值导向的影响下，大学生对创业的兴趣并不高。所以说家庭的经济和精神的支持，对学生的世界观、价值观、人生观有着至关重要的影响，大学生要进行自主创业，除了自身要具备创业意识、创新精神以及相关知识和能力外，家庭的支持和配合也非常重要。如果家庭支持大学生开展自主创业，经常用积极的态度鼓励学生，那么学生在创业过程中都会充满信心和热情；相反，学生得不到家庭的支持，很可能遇到挫折就灰心，甚会放弃创业。因此，学校需要积极地与学生家庭进行沟通，争取得到学生家长对创新创业教育的支持，从而发挥家庭在创新创业教育中的作用，积极推动创新创业教育的发展。

第七章　校企协同的高校创新创业教育模式构建

高校开展创新创业教育并不局限于学校内部，应该同企业建立协同机制，有效进行合作，构建校企协同的创新创业教育模式，致力于将创新创业教育发展开来。本章分为校企协同的高校创新创业模式的设计、校企协同的高校创新创业模式的构建与实施、校企协同的高校创新创业模式的课堂协作构建三部分。主要包括：创新创业教育体系的设计原则、创新创业教育体系的设计思路、建立校企双方有效协同的机制、“三课堂”创新创业教育体系等内容。

第一节　校企协同的高校创新创业模式的设计

一、创新创业教育体系的设计原则

教育对于发展国民经济、提高整体素质以及促进社会进步都具有重要作用，国家的繁荣发展离不开教育的发展壮大。研究型高校要对大学毕业生和社会需求做调研，根据学校的自身条件，整合学校的各种资源，通过多方渠道，融入各种理念，选择合适的路径来大力发展创新创业教育。

（一）与传统教育体系相融合

在传统的教育模式中，普通教育和职业教育是最重要的两个部分。职业教育以德、智、体、美、劳全面发展为宗旨，注重发展学生的身体素质和心理素质；职业教育是在普通教育的基础上，围绕所学专业，以此为核心来培养学生的专业技能和素质，最终向社会输送大量专业人才，为社会经济发展做贡献。随着教育需求的变化，更多的需求倾向于多样化以及专业化，普通教育和职业教育的教育理念和模式也各自发生了变化，两者更加细化，对教育体系的作用和功能也各不相同。在传统教育中，无形之中就会涉及创新创业教育的内容，也进行了一些实践，不过，涉及的都是一些比较零散的内容，而且也不固定。

创新创业教育和传统的教育模式不同在于，创新创业教育注重培养创新精神和创新能力，其内容更适宜社会经济发展的需求。构建创新创业教育体系，应该注重以普通教育和职业教育为基础，充分发挥两者的作用。普通教育的作用是提供知识储备、责任感、进取精神、发现问题的能力等；职业教育的作用是提供专业技能、规范，这些都是创新创业教育必须具备的基础条件。创新创业教育的教学模式和体系与传统的教育是不一样的，其能够满足社会多样化的需求，为学生个性化发展提供全方位的服务，这一实践过程需要经过一个漫长的过程，是循序渐进的，高校应该发挥其教育主体的作用，把各种资源整合起来，结合普通教育和职业教育大力推进创新创业教育的发展。

（二）创新性与实践性相融合

在国际竞争日趋激烈的今天，创新精神和创新型人才关乎着国家的未来，这些都是国家发展必不可少的条件，社会的可持续发展需要培养更多的具有创新能力的高素质人才。以社会服务为导向的高校和研究型高校以及自由型高校不同，在创新创业教育体系建设的过程中，社会型高校的理念是强化社会服务，创新创业教育实践是其重点关注的内容，并以创新创业为核心，配合学校在教学、管理、科研等领域的改革，对教育方式、人才培养方面进行革新。创新创业教育创新的内容体现为教育理念的创新、教学模式的创新以及学习方法的创新，这一教育面向全社会，其目的是让学生从学习中开拓思维能力，实现创新、多元化的思维，要达到这一目标需要构建创新创业教育体系，通过多方渠道和各类资源，让体系变得更加完善，能够满足多样化的需求。创新创业教育除了需要培养创新能力外，也必须具备一定的实践能力，与传统的教育模式不一样，其核心内容是创新的思维方式、创业的行动能力、开拓进取的精神、勇于担当的品质，实践能力不仅包括身体方面，而且还包括心理方面，培养学生的实践能力可以结合学校的教学活动和社会生产方式来进行。创新创业教育是在普通教育和职业教育的基础上做出的进一步深化，这体现了创新创业教育模式的探索是困难和艰巨的。

（三）一致性与差异性相融合

高等教育的主要目标是要培养具有创新思维和实践能力的专业人才，高校创新创业教育，要将创新教育和创业教育融合在一起，两者相辅相成，不可分割。建立一个有效的创新创业教育机制，把培养创新能力、创新思维以及创新意识放在重要位置，并增强学生的开拓精神。因此，在培养学生的过程中，创新创业思维要贯彻始终，高校培养人才要以此为一种路径，这也符合高校专业培养的要求。受到各种因素的影响，各个类型的高校在构建创新创业教育机制时，会选择合适的方向以适应自身的发展，因此每个类型学校的这一机制也不完全相同。首先，高校的社会条件不同，高校可利用的社会资源与其所在的地域有关，受地理因素和社会环境的影响，这些可利用的资源也有很大差异，创新创业教育的实践模式和教育方式的选择都受到了直接影响。其次，发展导向不同的高校对于人才教育的目标定位也不同，高校应该制订个性化的方案，对学生进行有针对性的创新创业教育，来满足不同专业学生的需求，不能生搬硬套其他学校的教学模式。

（四）主体性与互动性相融合

培养创新意识和创业精神的人才是创新创业教育的目标，充分融合主体性和互动性是整个教学过程中应该关注的焦点。从本质上来说，高校培育学生的目标是让学生在学习的过程中获取知识和技能，并且在进入社会后能够运用到实践之中，满足社会需求的多样化，促进社会的发展。所以，在教学过程中，应该注重学生品质的培养，应该根据他们自身的条件和优势，帮助他们制订计划和目标，不仅要传授知识和技能，而且还要让他们感受人文关怀。在创新创业教育中，师生之间要建立有效的沟通方式，要形成互动，互相了解，要从教学内容、教学方式上进行创新，丰富教学内容，不能只局限于单一的教学模式，只向学生灌输知识。教师要及时掌握学生在学习过程中的各种问题反馈，帮助学生解决问题，并开发他们的潜力，提高他们发现问题、解决问题的能力，挖掘他们的创新意识和创业精神。人们对于创新创业教育的认识通常是不全面的，往往只是认为这一教育是为了提高毕业生的就业率，以及培育新的企业开创者，这种片面的认识还停留在表象，没有深入了解其意义，这样的思想会使创新创业教育成为成功者的宣传平台，在教育理念和模式上偏向功利，背离创新创业教育的初衷，并渐行渐远。

二、创新创业教育体系的设计思路

建立创新创业体系对于高校来讲并不是一件简单的任务，高校需要统筹规划多方力量，需要协调组织多方资源。创新创业教育与传统学科教育有着很大的不同，后者着重丰富学生的知识和技能，而前者在此基础上，还要学生与时俱进，适应社会的发展。因此，高校要协调整合多方力量参与到创新创业机制的构建中来，在教学过程中也要引入多方力量参与其中，为学生提供全面细致的创新创业指导。与传统教育模式和目标相比，两者最大的不同是创新创业教育的根本理念是创新。高校构建创新创业教育机制要与时俱进，既要满足学生需求，也要贴合社会需求，将创业精神和创新意识作为主线融入教学过程中去，并结合学校的长期发展目标。高校通过创新创业教育的开展，不仅要让学生学习到基本的知识和技能，而且还要培养学生的创新创业思维和意识，以此进一步拓展他们的知识与财富，培养他们勇于开拓、不断进取的品质，提高他们发现问题、解决问题的能力，促进他们的全面发展。从实施角度来讲，高校可以制定相关的奖励制度，以激励学生的创新创业精神，对有意愿创业和具有创新精神的学生给以指导和物质上的帮助。高校还应该正确看待学生创业的成功与失败，对于创业顺利的，高校应该给予肯定，如果学生创业不顺利，高校应该给予支持和帮助，积极探讨问题所在，让学生有所成长，使学生把创业作为自己发展道路的选择之一，从而让学生在各个方面做好准备。

构建创新创业教育机制需要高校做出很大的努力，这一过程中，高校要从教育目标和教育理念入手，并使之贯彻始终，在培育学生以及建设教师队伍的过程中融入创新创业的思维方式。在学生学习的过程中，将人才培养机制和创新创业的理念以及思维有机结合起来，全方位地培养学生的心理素质、个人品质、知识储备、专业技能等，从而培养其创新思维和创业精神。从课程内容上来讲，学校应该充分融入创新创业理念，通过课程教学，把知识传授给学生，让学生能够在心理素质和专业技能方面打下坚实的基础。从教学方式上来讲，实践能力是重中之重，不能只局限于传统的学校教学，还要丰富实践课程的内容，可以通过创新比赛、创业基地实习等方式，让学生获得实践技能，能够在实践中培养主动思考、主动发现、主动解决问题的能力，将自己对知识的思考付诸于实践，激发自己的创新意识与创业精神，为以后的创业打下基础。创新创业体系的构建还要与传统教育相结合，高校应该以传统教育内容为基础，把一些前沿的教育理念融会贯通，这样才能更好、更高效地构建创新创业教育体系，充分发挥创新创业教育的作用。

综上所述，应该构建完善的创新创业教育机制，要以学校为主体，以传统教育为基础，发挥传统教育的优势和作用，整合多方资源，协调和调动多元主体参与其中，将社会服务放在重要位置，来满足日益多样化的人才需求，顺应日新月异的社会发展。

第二节　校企协同的高校创新创业模式的构建与实施

一、校企协同人才培养的目标定位

（一）校企协同人才培养的宗旨

高校应该以学生为中心，培养他们的专业技能，发掘他们的潜能，适应高等教育改革和发展的要求，培养专业型的人才，以满足各个行业、区域经济发展的需求；高校应该和企业互相促进，建立长效合作机制，可以从多方面来进行，如学术研究、技术研发、社会服务等，学校的教学资源和企业的社会资源要充分利用起来，互相融合，推动校企的协同发展，这是校企协同教育的基本目标。

（二）校企协同人才培养的功能定位

教育改革需要多方的努力，高校走在最前线，应该在经济发展服务、社会发展需求方面提高自身的能力，对此，高校应该以区域经济为基础，有效利用并整合资源和各方渠道，与企业建立协同机制，并逐渐完善。在日益激烈的市场竞争中，企业需要多样的人才，高校对于创新创业教育要有足够的重视，要加大投入，提供平台来满足学生的各项需求，与社会需求更好地匹配，通过这种方式，不仅有利于学校建设创新创业教育平台，提高高校的水平，提升综合实力，还能让人才作用于社会经济的发展。

（三）校企协同制定人才培养目标

制定人才培育目标需要高校和企业这两大主体互相配合，发挥各自的优势，共同参与其中。

在人才培育的过程中，高校是最重要的主体，各类高校的侧重点不同。以教学为主的高校的主要任务是本科生的培育，注重培养实践型的应用型人才，因此，这类高校应该以提高实践能力为主要目标，与企业建立相关的合作机制。

对于企业而言，要想长期发展，获得合适的人才，应该把企业的发展目标与人才培育相结合，精准定位，培养符合需求的人才。在日益激烈的国际竞争中，创新是非常重要的影响因素，能够提高国家的综合国力，国家和社会的发展对具备创新素质的人才需求增大。

二、校企共建教学体系

完善的教学体系是实现培养目标的基础。教学内容与当下社会的发展脱节，不能与时俱进，教学模式上以传授为主，缺乏与学生之间的相互沟通，没有提供学生学以致用的锻炼平台，不能跟上社会发展的步伐，这些都是传统教育的弊端。因此，在教学体系构建上，高校应与企业深度合作，扬长避短，共同探索满足双方需求的教学体系。

（一）理论课程体系建设

关于建设理论课程体系，高校的专业课程建设分为专业基础课程建设和专业课程建设两个重要部分。专业基础课程旨在增强学生的基础知识与技能，分为理论学习、实习实践的教学环节。要想达到专业培养目标，专业基础类课程、专业课程与工程类基础课程学分需占到总学分的三分之一。工程基础类课程和专业基础类课程旨在提高学生的数理能力以及应用能力，这在课程制订过程中应该给予重视和体现。与之相对，专业课程的制订应该重视提高学生的实践能力。各个高校在课程设计方面应紧密合作，为学生提供更多的跨平台、跨领域的课程选修机会。社会经济与科技快速发展，任何专业的发展都离不开其他专业学科的发展而独立发展，所以要加强和其他专业的沟通，重视交叉领域学科的发展。同样，要加强与其他国家的交流合作，具备较高综合素质的人才也越来越为国家发展所需，因此，选修课程的设计应该注意多元化。通过基础课程的学习，学生达到要求后，学校还要积极引导学生选修一些跨学科领域的对自身专业有利的课程。这样学生既通过理工类课程的学习提高了基础理论和实践能力，又通过人文学科的学习提高了逻辑思维能力，培养了人文情怀，多学科的学习可以有效提高学生的综合能力素质。文科学生应当选修一些有利于自身发展的理工类课程，以提高自己的实践能力。

（二）实践课程体系建设

高校课程体系建设不能仅仅考虑培养学生的专业能力，还要注重学生创新创业能力的培养。高校需要经常开展科技创新创业讲座，增设科技创新创业选修课。经常开展科技创新创业讲座和开设科技创新创业课程是广大教师和学生的共同愿望。高校教师要建立这样的理念，营造科技创新创业氛围。推进大学生科技创新创业项目研究工作的首要任务是做好学习宣传教育活动。

加强实践教学建设，提高学生的科技创新创业实践能力。推进大学生科技创新创业项目研究工作，需要加强实验室等相关建设，并有计划地开放实验室、图书馆。

加强学生实践能力的培养，是高校教育人才培养的基本原则。学生的实践能力主要是指学生在生产实践的过程中，能够根据所学的专业理论知识发现问题、提出问题和解决问题，还要具备专业基本素质，通过多样化、系统化的实践课程的学习，找到实践教学中实践能力培养的途径和方式，能够系统、科学地突出职业教育的实践教学特色，提高实践教学的效果。

（三）加强校企协同

构建校企协同的高校创新创业模式，加强学校与企业、科研机构的合作，使学生的创新能力在科研、生产的实践中得到培养，是知识经济时代培养创新人才的新型方式。高校应积极探索校企协同之路，引导学生运用产学研结合平台进行科学研究，置身于科学发展的前沿，在科研中发现自己，培养创新能力。可见，在某种意义上，“产学研结合”是高等教育更高层次的“实践教学”模式。走产学研结合之路，创新实践教学，可实现更深层次的创新研究成果。

（四）加强“双师型”教师队伍建设

加强“双师型”队伍建设，奠定培养高校创新人才的基础。首先，学校应投入一定经费鼓励教师参加在职学历进修和课程进修，加大学历提高力度，为创新教育储蓄能量。其次，优化教师知识结构，适应创新教育需要。围绕综合课程研究工作，完善教师的专业、学科综合能力。为教师创造实践操作的条件，增强教师的实践动手能力。学校应充分运用产学研结合教育，提高教师的创新实践能力。通过学生参加专业技能竞赛的机会，培训一批指导技能竞赛的师资队伍。

三、校企协同实践基地建设

高校的教育也要适应时代的发展，积极贯彻落实国家的教育方针政策，创新创业教育走校企协同的实践教学之路，在创新创业实践的基础上使学生更好地巩固所学的专业理论知识，在基础技能的学习中培养学生的创新创业能力，使学生的理论实践在互相学习中得到提升。校企协同的创新创业实践教学模式，是高校发挥学科专业的特长、全方位教育的优势，联合校外资源建立的一种适应现阶段高校教育的优势教学内容之一。

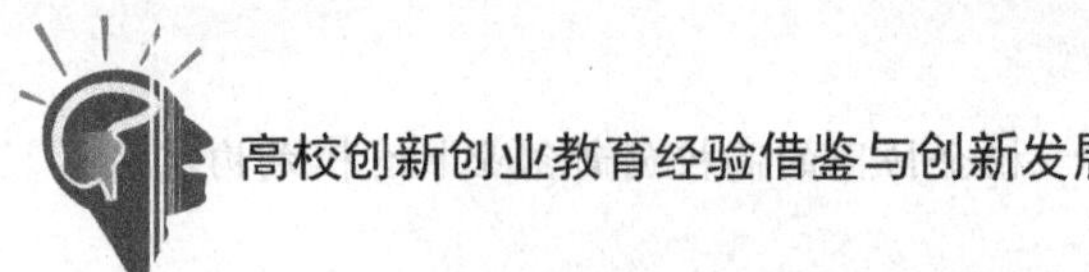

（一）与企业双赢的实践基地建设

校企协同的实践教学的有效途径是校企合作，这也是现在许多高校开展实践教学的途径之一。校企合作可以使实践教学有良好的教学基地，对于培养学生的创新创业实践能力起着重要的作用。

双赢是双方合作的基础和目的。学校要认真落实合作的项目，要树立为企业服务的意识，要为企业培养专门的人才，企业也要积极参与到实践基地的建设中，参与到学校专业的设置和课程的设置中，学校可以为企业培养有知识、有专业技能的应用型人才，将来可以充实到企业的人才利用中，促进企业的发展。

（二）建立行业发展实践教学基地

学校专业学科面对的是社会行业的发展，行业里面拥有专业的技术人才，是将来人才流动的中心，在行业发展和科学技术方面也处于主导地位，掌握着大量行业前沿的研究和技术开发。学生进入行业实践基地实习，可以尽早地进入真正的行业企业训练、研究和工作中，可以大大提高学生的就业竞争力，一部分优秀学生可以在毕业后直接进入企业就业，极大地提高了大学生的就业率。

（三）政府支持建设实践基地

国外大部分高校的校外实践基地都是在政府支持下建立起来的，是有法律法规保障的。我国的创新创业实践基地建设也要借鉴国外的经验，也要得到政府的支持和扶持，得到政策上的优惠，得到政府强制要求的技术先进企业给予高校基地建设的支持与合作。

（四）校企教育资源共享

校企协同发展的人才培养模式，要在不断发展中实现不断地创新，实现学校和企业教育资源的共享，构建顺畅的校企沟通交流模式，学校和企业也要建立在双方信任的基础上，齐心协力地构建适合高校自身发展的创新创业教育模式，提高校企资源的利用效率，这不仅可以增强企业的社会竞争力，还可以提升高校的科研水平，培养出适应社会发展的高素质的创新创业人才。

1. 搭建实习平台

实习平台由企业搭建，高校则给予企业技术研发支持，以人才协同培养机制为基础为企业输送专业人才，形成合作共赢的良性互动机制。整合高校的教育资源和企业的社会资源，为学生的培养提供优质资源，不仅有利于创新创业协同机制的建设，也有利于为社会发展提供所需人才。企业的创新能力、人才队伍的建设都能从校企教育资源共享中受益。

2. 建立实验室

校企协同的资源共享还可以是建立实验室。在大学生创新创业实践教育中，开放实验室，让学生充分利用实验研究教学课程，利用学校的部分科研项目安排学生的实验内容，让学生在实验学习中融入研究，在研究中学习实验内容，同时采取多种实验教学模式等。高校要根据各自的学校建设和资源情况，以国家实验教学示范中心评审为契机，采取学校重点投入建设，也可以联合企业共同建设，整合学校的基础实验室资源，建立基于专门学科的特色实验教学中心、重点实验室和校企联合实验室，共享资源，实现实验室建设的跨越式发展。把实验室实践教学贯穿学生的整个大学学习期间，从低年级的学生抓起，培养高素质的创新实践人才。

四、校企协同的有效机制

（一）引导机制

高校和企业共同构建“校企协同工作委员会”，引导高校创新创业教育的健康发展。委员会要随时掌握国家的政策、行业发展变化的政策、行业发展动态，参与高校的教育教学工作，共同制定高校教育和人才培养目标，及时调整校企协同的科学发展方向，保证校企和高校的教育符合社会经济发展的要求。委员会中还要有由学校的骨干教师、企业的技术人员和行业的研究机构组成的专门的技术部门，引导科研支持以及高校的理论成果应用到实际生产。

（二）管理与反馈机制

校企协同的有效机制还要有管理和反馈机制。学校和企业要以协调理论为基础，对高校的创新创业教育统筹规划，在双方相互协调、双赢的基础上，共同管理、共同实施高校的创新创业教育模式，这样也能有效加强校企双方的合作，更好地整合社会资源，保障高校创新创业人才培养的质量。

在管理机制的基础上，还要有反馈机制，管理机制和反馈机制结合运用，能够及时发现高校教育管理中存在的问题，也能发现校企合作过程中出现的问题，及时解决出现的问题，从而共同维护校企协同机制的高效运转。

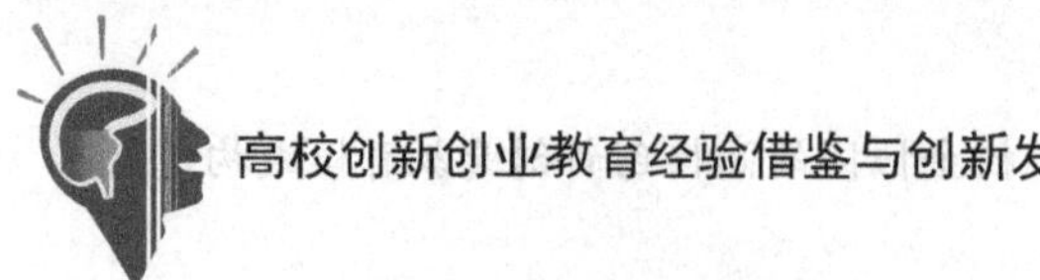

（三）融合校企文化

1. 校园文化建设

加强校企文化环境建设，形成校企协同发展的创新创业教育的良好氛围。创新创业型人才的培养依赖于浓郁的校企文化氛围。

一要加强校园人文环境建设，提高学校的文化品位和格调，营造民主、开放、进取的文化环境和陶冶人、培育人、凝聚人的人性化环境。

二要加大创新创业的宣传力度，奏响创新创业的主旋律。

三要组织开展各种学术活动、校园文化活动及一系列的创新竞赛活动，形成一个人人谈创新创业、时时想创新创业、无处不创新的校企文化氛围。

2. 学风建设

校企文化中还要加强学风建设，形成奋发向上的良好氛围。学风反映一个学校的学习风气，直接影响学校的人才培养质量。倘若一个学校的学习风气不好，别说是创新创业教育，就是生存和发展也成问题。

作为发展中的高校教育，学风问题面临极大挑战。高校对此应引起高度重视，借助近年来中央强调加强高校教育质量的契机，努力推动学校学风建设。

一是高校教育中要排除社会上一切不健康因素的影响，始终坚持以教学为中心的主导思想不动摇。

二是学校上下齐抓共管，将学生的学习放在首位，加大学风的建设力度。

三是引入激励竞争机制，大力表彰学习成绩优秀的学生，推动良好学风的形成，创设创新人才成长的良好环境。

3. 校企文化建设

学生在企业实习过程中，亲身感受企业文化，结合自身的理论基础知识，找到高校文化和企业文化的融合点和契合点，认同企业文化，帮助学生在认同高校文化的基础上更好地接受企业文化，适应企业的竞争环境，提高自身的抗压能力，促进从校园学生到企业人才的定位转换，锻炼学生的职业能力和社会适应能力。

五、人才培养的评价

（一）知识方面的评价

校企协同的创新创业人才培养，还要制订科学的评价标准。知识方面的评价包括基础知识和专业知识两个部分，基础知识方面要掌握本专业涉及的自然科学和经济管理类知识；专业知识方面要具备良好的理论应用基础和工程实训基础，了解专业和行业的发展变化，熟练应用与专业相关的法律法规政策以及行业技术标准。

（二）能力方面的评价

校企协同创新创业能力的评价，主要是评价学生的学习能力、创新能力和实践能力。

校企协同下的高校大学生，要有自主学习的积极主动性，还要坚持终身学习的能动性，不断适应知识经济时代的发展。

对于高校教育而言，创新活动的开展需要长期坚持，确保各个阶段的连续性，创新能力和实践能力的培养和评价不应仅局限在几次校内外的相关比赛这一狭小的层面上，而应贯穿于教学活动的全过程，以教学模式的创新、教学方法的创新、创新思维方式的培养和实践中解决问题方法的创新为其主要内容。更确切地讲，对学生而言，创新能力和实践能力的培养和评价更多的应是创造性学习能力的培养和评价或在学习中发现能力的培养和评价。

（三）职业素养的评价

高校创新创业教育人才培养的评价，还体现在评价大学生的职业能力和职业道德素养方面。

职业能力的培养和评价要从理论教学转变为实践教学的评价，把实践教学贯穿于职业教育评价的整个教学过程。根据职业发展需要调整教学计划，强化实践课程的开设和训练，合理安排教学过程。职业道德素养的培养和评价要从单一的专业教学转变为重视人文教育的教学评价，引导学生人文素质的培养，培养学生强烈的社会责任感、健康的心理素质、良好的处理人际关系的能力，扩大学生的知识层面，提高学生的综合素质。

第三节　校企协同的高校创新创业模式的课堂协作构建

一、“三课堂”时空协作构建

高校开展创新创业教育的意义就在于培养学生的创新意识和创业精神。在创新创业教育中学生是教育的核心、教育的主体。在创新创业教育中，以第一课堂为基础，传授学生创新创业的基础知识，然后在第二课堂进行实践化的教学内容，学会运用基础知识，再进入学校的实践基地，将理论落实到实践中。构建“第一课堂、第二课堂、第三课堂”创业教育体系，才是科学、合理、有效的创新创业教育体系。

“第一课堂、第二课堂、第三课堂”创新创业教育体系的建立涉及多个领域和多元主体。这就需要高校各个方面互相协作，合理规划理念、理论以及实践模式，为科学的创新创业教育体系的构建提供完善的制度保障、明确的目标设置以及合理的评价标准。

二、“三课堂”创新创业教育体系基本目标

“第一课堂、第二课堂、第三课堂”创新创业教育体系是一个综合性概念，这是对创新创业教育深入地研究和探索得出来的结果。第一课堂是基础，第二课堂是延伸，第三课堂是实践，通过“三课堂”的运行模式开展创新创业教育，其基本目标是为学生提供创业与专业结合、理论与实践结合的创业教育平台，强化学生的创新创业意识，培养学生的创新精神，提高学生的创业技能。在这一教育体系运行模式下，有效地整合创新创业资源，为学生提供良好的创业氛围，激发学生的创业积极性。

三、“三课堂”创新创业教育体系内容构成

（一）第一课堂课程化创新创业教育

创新创业教育的原则包含三个方面：一是教育对象为全体学生；二是教学内容要与不同专业相匹配；三是培养模式与人才培养目标一致。创新创业教育的第一课堂形式包含以下两种。

1.“通识型”创新创业教育

创新创业教育面向所有学生开展的必修类教育课程和选修类课程教育是“通识型”创新创业教育的形式。必修类课程是针对本专业学生开设的、有学分的创新创业教育；选修课既对本专业的学生开放，又对其他专业的学生开放，是将专业课程中的创新性课程设置成选修课，是必修类课程的补充与延伸。高校可以通过创新创业必修类课程和选修类课程这两个重要的工具，再结合传统的培养模式，根据学生的多样需求，选择适合学生发展的课程形式和内容。从

学生的角度出发，尽力设计出与现实中企业运行环境相一致的学习系统，在这样的学习系统之下，可以提高学生的创新、创造能力以及自主决策能力，增强学生的创新创业意识。

2.“融入型”创新创业教育

“融入型”创新创业教育需要满足社会和行业发展的多样化需求，它面向各专业学生开展相应的创新创业教育，与不同学科和专业相结合，将创新创业教育的内容融入教学过程中，对学生创新精神和创业技能的培养需要与专业教育相结合进行。需要提醒的是，创新创业教育并不是自成体系的，它与专业教育的结合是一个互补的过程，这个过程对创新创业教育和专业教育的发展来说具有十分重要的促进作用。创新创业教育与专业教育之间优势互补、相互促进、共同发展。因此，在进行相关教育的时候要处理好二者之间的关系，不能过分注重创新创业教育而忽视专业教育的作用，也不能让创新创业教育完全依附于专业教育，进而失去自身的主体地位。在进行相关教育时，在专业教育的基础上开展创新思维训练，指导学生对专业知识进行创新性想象和创新性地解决问题。对本专业、行业的发展前景和具体实施过程进行分析，夯实创新创业教育的发展平台。

（二）第二课堂活动化创新创业教育

创新创业教育的第二课堂是对第一课堂的延伸，内容和表现形式都更加丰富，通过各种各样的主题活动开展创新创业教育，对于学生来说更容易接受。第二课堂的创新创业活动包含以下三个类型。

①“普及型”创新创业活动。所谓“普及型”的创新创业活动，指的是在普通学生中普遍性地开展的创新创业活动。如创业讲坛、创业沙龙、科技制作等活动。此类型创新创业活动的顺利开展主要依靠服务机构的支持。

②“项目型”创新创业活动。所谓“项目型”创新创业活动，是指针对部分学生开展的创新创业活动，以培养和锻炼学生的创新能力、协作能力以及决策能力等。它以大学生创新创业项目计划为载体。

③“竞赛型”创新创业活动。所谓“竞赛型”创新创业活动，是引导学生根据自身的特点参加符合自身发展需求的学术学科竞赛的创新创业活动。这类竞赛活动分为学院、学校、省级、国家级四个层次，鼓励学生积极参加创业竞赛，不但能提高大学生创新创业的能力，而且能够激发大学生创新创业的热情。

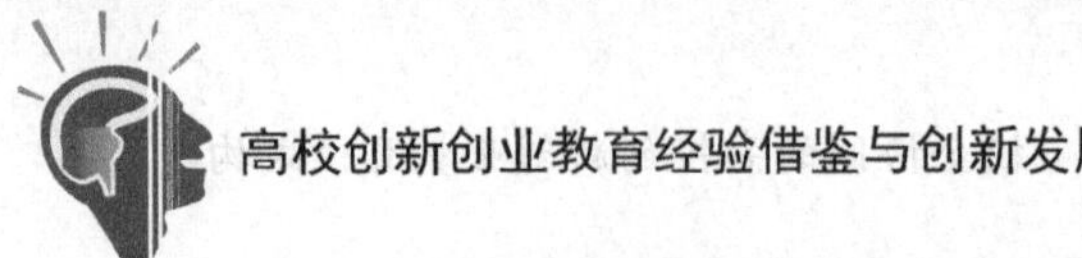

（三）第三课堂活动化创新创业教育

创新创业教育是一门实践性非常强的课程，单纯依靠第一课堂和第二课堂的教育是无法实现创新创业人才培养的目标的。因此，创新创业教育还需要开展第三课堂，依靠高校、社会组织、创新服务机构等创建主体建设创新创业教育实践基地或平台。第三课堂主要在创新创业实践基地，结合创新创业培训班和优质的创新创业项目，开展创新创业实践活动，主要针对有创业热情和创业可能性的学生开展，丰富其创业知识，为今后的创业之路打下基础。高校还可以发挥学校创新创业职能部门的作用，整合提高学校对不同资源的利用效率，为创业初期的大学生提供创业场地、设备等硬件设施以及服务、咨询、指导等软件保障，努力提高大学生的创新创业能力，使其在走向社会之前就对创业有充分的了解。

（四）创业教育的教学模式

1. 课堂教学

创新创业教育的课堂教学模式，是以教师为教育的主导，以学生为教育的主体，由教师向学生传授基本理论知识。课堂教学使学生能够了解国内外创新创业的发展现状，对创新创业要具备的基础知识和注意事项有所了解。

2. 案例研究

教师用大量成功或者失败的创新创业案例组成教案，用实际的问题来锻炼学生们发现问题、分析问题、解决问题的能力。帮助学生培养创新精神、创业能力、决策能力和执行能力，为学生的创新创业提供充足的案例保障。

3. 混合讨论

混合讨论指的是邀请成功企业家、创业成功人士、创业园区负责人等对创新创业进行共同讨论，对创业案例进行深刻分析。通过讨论，学生对创新创业的相关政策和具体实施过程有所了解，通过不同主体的讨论，学生对创新创业的方法、技巧、过程有更深刻的认识。

4. 活动开展

开展各种各样的创新创业活动是对学生创新创业知识和技能考核的最有效途径。开展创新创业活动可以激发大学生对创新创业的热情，使其积极学习创新创业知识，对大学生的创新创业素质、实践能力、团队精神的提升都有促进作用。将学生在课堂上所学的创新创业知识和技能与实践相结合是创新创业规划设计的核心内容，它包括对人、财、物的规划，经过独立思考，提出自己的设想，将自己大脑中的想法表现出来，创造出新的事物。在创新创业活动中设置一定的奖励机制，对优秀的创业团队或创业项目给予奖励，以此来激励大学生积极参与创新创业活动。

5. 商业实战

商业实战是指在创新创业教师的指导下，实施创新创业计划，利用现有资源开展创业虚拟环境和实战训练，在实战过程中学生需要自己独立地思考，而不是简单地模仿他人的创业计划。商业实战既能够锻炼大学生的实际操作能力，又能够开发大学生的创业思维，强化学生对创新创业知识和技能的掌握，进一步提升大学生的创业能力。在整个创新创业教育中，以研究为导向的大学第一课堂以理论学习为主，第二课堂以业务技能学习为主，第三课堂以实践运用为主，“三课堂”共同组建创新创业教育体系。

四、“三课堂”创新创业教育体系评价方式

无规矩不成方圆，建立高校创新创业教育评价体系是高校创业教育发展的必然结果，合理、科学的创新创业教育评价体系不仅可以激发全校师生的创业意识，还可以激发全校师生的创业能力，使他们的优点得以充分的发挥，从而合理有效的组织实施“第一课堂、第二课堂、基地实践”创新创业教育体系。对创新创业的绩效评价和奖惩行为进行有效的规范是任何一个科学合理的创新创业教育评价体系都应当具备的能力，在创新创业教育评价体系的建设中，评价指标因素的筛选和确定非常关键，在建立评价指标体系时，单项评价与综合评价并重，单项模块化评价标准创建要与创新创业教育理念和原则相匹配，而整体绩效综合评价体系的创建还需要将评价标准融入其中。

（一）单项评价

建设创新创业模块化评价体系。创新创业模块化评价指标体系的建立要涵盖三个维度，即学生维度、教师维度、二级学院维度，其中包含了数量统计和质量评估。此外，该体系还要做到与时俱进，紧追时代的步伐，对那些过时的创新创业教育评价方式要及时地进行改革，对那些不合理的创新创业教育评价方式要及时纠正其错误。不断加强创新创业单项评价体系建设，创新创业教育质量的高低与创新创业模块化评价体系的内容密切相关，要想提高创新创业教育的质量就需要保证所创建的创新创业模块化评价体系既要与创新创业教育的

内容和特征相匹配，又要具有可操作性。创新创业教育效果评估体系在制定之前需要研究创新创业人才培养目标、学校特点等内容。在评价和考核过程中，结果考核和过程考核都非常重要，二者缺一不可，要注意考核方式的多样性，并将其与网络考核相结合，提倡“第一课堂、第二课堂、基地实践”的综合考核，可以采用项目选择、作品质量等多种方式，实现考核的全方位、全过程，增强考核的科学性、有效性。

（二）综合评价

纳入高校整体绩效考核评价体系。考核的标准和要求仅仅依靠创新创业教育的单项评价是难以满足的，所以有效地补充单项考核是十分必要的，综合考核中应当包含创新创业教育，并将其归入学校整体绩效考核评价体系。高校年度绩效考核体系应当将创新创业教育视为一个子模块，学院人才培养质量和办学水平的判定应当以创新创业教育质量为参考标准，同时，高校可以适当地奖励那些表现优异的院系。本校的二级学院要积极地改进其创新创业激励办法，不断完善其创新创业激励措施，激发教师开展创新创业活动的积极性，提高教师普及创新创业知识技能的专业性，调动教师进行创新创业教育的积极性。

五、“三课堂”创新创业教育体系基本保障

创新创业教育是一个典型的开放式教育，创新创业教育的发展不能只依靠高校的力量，需要三方（政府、高校、社会）共同推进。创新创业教育的良好发展需要开阔的视野，不仅要协调校内的各个部门，还要对校内外的资源进行整合。

（一）校内协同

高校是开展大学生创新创业教育、完善创新创业教育管理机制义不容辞的主体，将创新创业教育列为学校的发展目标之一是校内协同的首要条件；高校还要积极地完成创新创业教育实践平台的搭建，对开展创新创业教育活动所需的硬件设施进行优化；高校要积极地营造创新创业教育的良好氛围，培养大批高质量、高水平的应用型创新创业人才，这些人才具有坚定的创新精神、深厚的创新创业知识和良好的实践能力。高校创新创业教育中心的建立需要以本校的实际情况为依据，它的建立推动了高校创新创业教育的发展。

（二）社会协同

高校是创新创业人才培养的摇篮，但是社会环境对创新创业也起到了一定的促进作用。一个有利的社会环境可以刺激创新创业教育的快速发展，中国传统文化几千年的历史潜移默化地影响着创新人才的培养。在人才培养的过程中要重视新的社会风气，可以将有效的舆论作为人才评价标准建立的手段。制定相关的政策和法律法规来激发人们的创新激情、保护人们的创新成果，逐渐形成民族创新的风气。

现阶段，创新创业教育尚未得到全面的推广，教育界是创新创业教育开展的主要战场，其主体是高校内部，社会各界还没有从根本上了解创新创业教育，创新创业教育在全社会范围的反响不够，高校在创新创业教育中力不从心。除此之外，各个地区创新创业教育的发展也存在着不平衡的现象。正因如此，创新创业教育的发展应该以高校这一主体展开，通过政府的主导，引起社会广泛的关注和支持，最终形成一个创新创业教育的新格局。

（三）企业协同

创新创业教育与就业服务不能直接画等号，同样，该教育的主要目的也不能单纯地理解成对学生进行相应的培养，使其完成自主创业。但可以说，企业在这一教育过程中发挥着重要作用。

作为创新创业教育过程中的关键部分，实践环节受到了各高校的极大重视，同时，企业家们的支持会在这一环节发挥出有效的支持作用。对于大学生创新与创业方面的研究与实践，各大企业及单位组织可以提供多个方面的支持和帮助，包括场所、资金援助等。

如今，在创新创业教育过程中，部分企业对很多高校都给予了相应的支持，但其中的大部分都是资金援助，而宣传良好的企业形象是其主要的目的，在这种情况下，企业很少会关心创新创业教育的实际效果。若是企业能够做到从实践、资金等多个方面对高校进行全方位的支持，那么在推动创新创业教育发展的同时也会促使企业实现长远的发展，进而实现双赢的目标。

因此，高校与企业应该密切合作、注意配合，推动共同目标的达成，促成长期稳定的合作关系，将那些拥有丰富创新创业经验的人员输送到学校中去，让其担任相应的兼职教师，并且把一些好的创新研发项目和实践课题提供给相应的学校。这些经验丰富的兼职教师把自己的经验知识传授给高校学生，不仅有利于创新创业教育的顺利实施，而且可以造就更多的外部条件和相应的创新创业机会。

除此之外，企业也可以加强其文化价值观的宣传工作，借助社会影响力使社会舆论和家庭等方面对相关研究和实践活动的否定态度发生改变，促使创新创业教育重新定位学生等方面所蕴含的意义和价值，推动良好社会氛围的形成，进而推动创新创业教育的顺利开展。

（四）家庭协同

长久以来，大学生成长所需的精神和经济支撑在很大程度上都来源于家庭。一般来讲，家庭会影响到学生“三观”（人生观、价值观、世界观）的培养与发展，而影响学生创新创业实践活动的因素除了个人的创业意识、创新精神以及相关的能力素质之外，还有家庭的配合和支持。家庭背景会直接或间接地影响学生的观念、素质和人格，其中包括创业观及创业素质、就业观和创造性人格。另外，家长的态度也会影响到学生创新创业实践活动的开展，积极的态度会使学生得到相应的鼓励，激发学生开展创新创业实践的热情，增强学生的信心；而消极的态度则会让学生感觉到挫折和沮丧，不利于创新创业实践的开展。所以，学校要努力争取家庭的配合，使其发挥应有的作用，以此来推动学生创业活动的顺利开展。

对于学生的创新创业实践而言，影响因素有很多，但就目前的状况来讲，家庭方面的主要的影响因素则体现在思想观念和资金问题上。

首先，家长总是认为，投入很多去供孩子读书，最后还要自己去创业，会让人觉得孩子的学习成绩差，丢了面子。

其次，在投入许多资金供孩子读完书后，还要再投入一笔资金供孩子进行自主创业，对于家庭来讲压力太大。

针对上述问题，各个层面的教育工作者要积极地与学生家长进行沟通交流，宣传好与创业相关的优惠政策，使其摒弃错误的价值观念，使家长真正意识到创业的意义和价值，为学生创造一个民主、自由的家庭环境，同时也为学生的创新创业实践打下坚实的基础。此外，学校或者社会还可以将学生家长组织起来进行相应的培训，推动创新创业教育的顺利开展。

（五）政府协同

进行政策制定的主要部门就是政府，其作为倡导者和扶持者在大学的创业教育体系中发挥着不可替代的作用。在政策、资金等方面，各级政府进行相应的协调，这会对创新创业教育以及学生的创业实践产生积极的影响。

1. 政策法规支持

要积极推动相关法律法规的建设与实施，以此来保证创新创业教育的顺利开展。对于创业的相关审批手续要进行相应的简化，同时也要制定一些与创业相关的优惠政策，包括税收减免等。此外，还可以制定和完善与创新创业教育相关的规定，促使企业的准入标准进一步降低、市场准入范围进一步扩大。

2. 资金支持

资金的缺失会对创新创业活动以及事业的发展产生极其不利的影响。作为核心要素的资金在创新创业教育实践中发挥着不可替代的作用。因此，政府应该积极推动各种创业基金的建立与发展，增加相关的资金投入金额，由政府牵头积极进行投资，有效地支持大学生进行创新创业活动。

第八章　高校创新创业教育的质量监控与体系构建

当前我国应试教育的弊端日益明显，已经影响到了对社会的人才输出。当前社会急需一批具有创业开拓精神、实践能力的人才，因此培养大学生的创业创新能力十分重要。本章分为高校创新创业教育质量监控中存在的问题、高校创新创业教育质量监控体系的构建与运行三个部分。主要内容包括：高校创新创业教育质量监控中存在的问题及解决办法、质量监控体系的概念以及具体构建模式、体系的指导思想与基本原则、监控体系的运行等。

第一节　高校创新创业教育质量监控中存在的问题

一、教育质量监控管理

教育质量监控是为了监控大学教学质量，使其能够培养更多优秀的人才为社会服务，同时监督大学不断提高自身教育教学质量。当前我国高校的教学质量监控主要有两种，分别为外部监控与内部监控。

①外部监控，主要是由国家有关部门、地方政府或有关部门与社会组织对大学的教育教学状况进行监督管理。

②内部监控，主要是以学校自身为主，通过学校自我管理，严格按照课程标准与教学质量标准进行授课，也就是所谓的自我监督。

内部监控一般为大学教育教学质量监控的主体部分，学校领导或教研组定期开会总结近期教育教学方面的不足，将一些在教学过程中出现的问题进行讨论并想办法解决，全面展开教学的监督工作，这就是内部监督。

教务处主要负责制定教学期间的各种规章制度，并会不定期地对学校内部各院系部门的教学工作展开调查。例如，教务处的工作人员会随机对某一院系的某一堂课进行听课；会定期召开总结会议，对各院系的教学工作进行总结，提出不足，并要求其进行改进。

我国非常重视大学内部监督体系的建设，不断推动大学校内质量保障体系的运行。然而，旧有的高校内部管理体系根深蒂固，一时间还无法形成新的方便有效的质量监督管理体系。对于改变高校内部管理体系，应从以下几个方面进行突破：在观念上要与时俱进；在模式构建上要有新的创造性思维；在总体策略布局上要大胆开拓；在策略实施上要坚定不移。

外部监控同样是大学教育质量监控中重要的一环。外部监控，顾名思义主要是由大学以外的组织单位进行监控，具体来说，外部监控主要以政府部门为主，进行宏观掌控，再分级由各下属单位实施。

二、创新创业教育教学的外部质量监控尚未独立进行

如何提高教育教学质量，是每一个教育工作者一直以来都在探究的问题。一些学者认为，提高教育教学质量的关键还在于对于人的思想的灌输——人作为教育质量监控的主体，只有将新的思想传播，让更多人接受，打破旧有的工作思维，才能够建设良好的质量监控体系。

由于我国国情的原因，高校的外部质量监控主导一直是以政府部门为主。由于政府部门监控的片面性，很多高校难以发挥出自身的优势，只能千篇一律地跟随政府部门的指引前进，这也是使得高校教育教学质量难以提高的原因之一。

当前，我国对于高等职业教育创新创业的外部质量监控主要是对学校的总体质量情况进行评价。浙江省在高校质量评价中，有意将创新创业教育加入了质量测评中，此外，一些省市的学校在建设过程中也将创业创新质量作为考核标准之一。但是纵观全国这样的情况仍属于少见，政府部门没有独立的部门对高校创业创新教育进行质量监督。浙江省的教育教学计划值得其他省份高校或是政府部门学习和引用。

三、创新创业教育教学质量管理存在的问题

仅仅依靠质量监督，质量永远都是不可靠的。真正的教育教学质量要靠大学“生产”过程中的认真负责。大学就好比一线工厂，主要负责生产“产品”，也就是教导学生；工厂在生产产品的时候需要优秀的工人技师，教学也同样如此，需要优秀的教师。

对质量的监控，需要发挥学生与教师的主体性，需要师生自觉去维护，要有全员参与的觉悟，而不是交出监督权，将监督的责任放到学校高层领导部门

或者是政府有关部门。

虽然目前我国高职院校的教育教学质量监督与保障体系有了一定的完善，但是有关创业创新教育的质量与监管尚不到位，创业创新学院受到的限制较大，基本上属于可有可无的一个学院。

创业创新教育学院在一些地区与高校虽然发展得较不错，但也仅仅是个例，属于单打独斗。从总体来看，我国尚未树立创业创新理念与全面质量管理理念，各管理部门之间也缺乏必要的联系。

第二节　高校创新创业教育质量监控体系的构建

一、全面质量管理理论的内涵与发展

1961 年，美国全面质量控制之父阿曼德·费根堡姆首次提到了全面质量管理理论。相比传统的质量管理理论，阿曼德·费根堡姆做了更进一步的总结与归纳。

费根堡姆考虑到产品需要经过“设计—生产—销售”，根据这一特点，对质量管理提出了三点内容。

①所谓的“全面”，是要从上到下，充分认清创业教育发展的目的以及过程。

②要环环相扣，中途的每一个环节都不能马马虎虎一带而过，要认真做好备案，努力调整好每一个细节。

③质量应该是最后检验成果的主要标准，是经济与满足消费者的有机结合。

将全面质量管理理论引进高等职业院校教育教学中，可以说是一种创新的思维。学校通过将全面质量管理理论与创业创新理念将结合，将创业创新教育体系各部分有机联合在一起，实现更为高效的人才培养。

我国从 20 世纪 90 年代开始，对质量管理理论开始了更为深入的研究，具体如表 8-1 所示。

表 8–1 我国高校质量管理理论发展概况

提出者	提出年份	主要内容
刘福银	1999 年	①对大学生实施全面素质教育 ②用全面质量管理观来审视高等学校的人才培养质量 ①概括了全面教学质量管理的基本思路 ②运用 TQW 理论来评论高校教育教学质量
李均宏	2005 年	①提出图书馆全面管理方法 ②确定了图书馆管理要素 ③制定了图书馆质量管理的实际运用方法
雷丽虹	2008 年	对全面质量管理提出了具体的实施方法建议
林艳	2009 年	①树立创业创新教育观念 ②开展创业教育实践活动 ③控制课程，提高质量 ④展开团队配合，提高学习质量
刘帆	2009 年	①提出以培养“企业经理人”为主要目标的高校创业教育模式 ②将创业教育质量评价分为五个部分，分别为：创业教育组织支持指标体系、创业教育学科课程指标体系、创业教育课程教学指标体系、创业教育质量控制指标体系、创业教育延展活动指标体系及解释
刘萍	2009 年	将全面质量理论引入高校教学管理中，构建了高校教育教学质量管理的运行体系
孙琰	2009 年	高等职业院校在新时期发展的必要条件是全面质量管理要适应当今多元化的社会环境需求
孙晓川	2010 年	通过研究总结出高等职业院校全面质量管理体系建设应遵循的原则
成华	2010 年	①建立完善的分层次教育培养体系 ②全方位监控 ③建立良好的信息反馈体系
刘颖	2010 年	①建立有序的创业质量保障体系 ②确立高校应围绕培养体系、管理体系、创业素质体系、服务体系、支持体系五个方面进行建设
李征	2011 年	运用科学的评价方法，建设高校创业创新教育评价体系

续表

提出者	提出年份	主要内容
王友明	2011 年	将高校创业创新教育评价体系分成五大板块： ①创业教育管理 ②创业教育教学 ③创业教育师资 ④创业教育环境 ⑤创业教育成效
杨丽荣 周克良	2012 年	①要建设新型师资队伍 ②发挥学生管理的功效 ③完善学校基础创业创新设施 ④通过对创业创新教育活动保障体系的建设，激励师生参与
冯艳飞	2013 年	构建了大学生创业创新教育质量评价体系
罗晓媛	2014 年	建立了以培养人才为主的教育教学质量评价体系
黄彬	2014 年	提出在创业创新教育质量监管中利用 BP 神经网络模型进行评价
时全丽	2015 年	提出了以学生为主的创业创新教育质量评价体系
周曼	2015 年	提出在创业教育质量评价体系中运用 Logistic 回归分析方法
于兆吉	2016	提出基于协同培养的创新创业教育质量评价准则
段丽华	2017	提出在高校创新创业教育质量评价体系中应用 CIPP 模式
王学颖 刘馨泽	2018	提出基于 TOPSIS 模型的高校创新创业教育质量评价

二、高校创新创业教育教学质量监控体系的构建模式

（一）组织机构体系

一般的创业创新教育组织结构体系主要由四个层次构成，如图 8-1 所示。

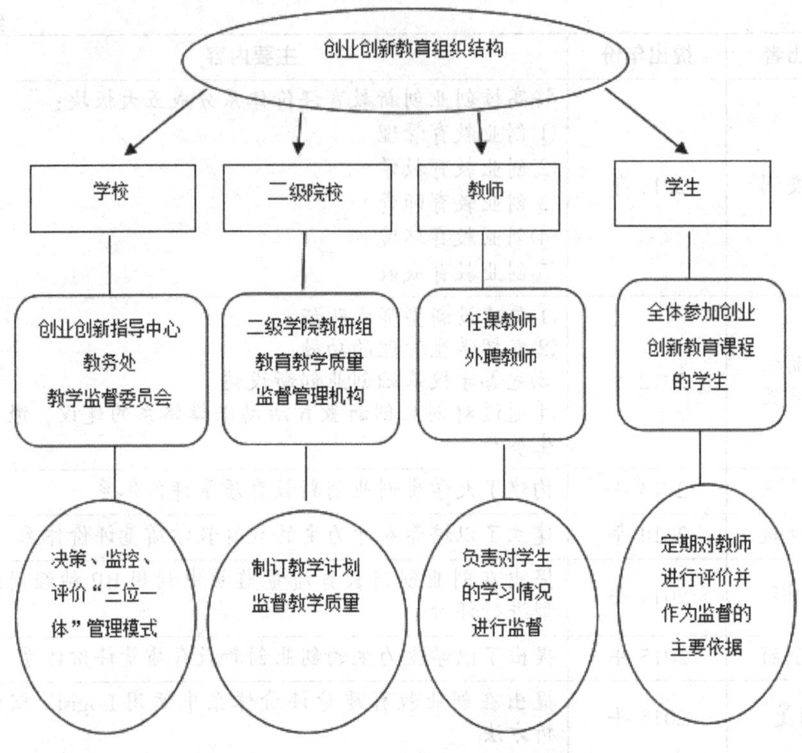

图 8-1　创业创新教育组织结构体系

（二）制度保障体系

学校通过建立良好的教育教学质量管理体系与规章制度，对创业创新教育质量进行监督与管理，并有效地确保教学制度的正常展开，使得各个环节能够高效运转。

关于教育教学质量监督管理的规章制度，主要有以下十六点方向，通过以下制度的不断完善建设，才能形成更良性循环的创业创新教育质量监管体系。这十六点具体包括：完善课程教学体系的监察制度、完善学生评价调查的管理制度、完善听课体系的制度、完善教师考核学生的制度、完善学生教学信息员的建设、完善教师教学质量考核体系的建设、完善教师岗前培训体系的建设、完善学生课程考核管理的规定、完善试卷重新发回分析的体系建设、完善创业设计的评估制度建设、完善毕业生创业情况的后续调查、完善实践教学的评估体系建设、完善课程体系的评估制度建设、完善教学状态的综合审查、完善教学突发事故应变能力的建设、完善教学督导制度的建设。

教学质量监督过程中，约束体系也是十分重要的一环，它可以根据信息反

馈，对教师或者是学生进行激励约束，

激励的形式主要有以下几种：①物质上的激励；②精神上的鼓励；③需求上的激励；④竞争上的激励。

约束的形式主要有四种：①通过制度体系进行约束；②通过环境进行约束；③自我进行约束管理；④道德方面的约束。

督导评价体系是教育教学监控中的重要体系，其主要由三个层面构成：①对所收集的信息进行分析；②对问题进行诊断并找出合适的解决方案；③对学校教学水平和质量做出评价；④经常性开展校内教学质量督导评价。

（三）构建支撑层

信息收集系统。信息系统的主要功能是收集更多的质量信息，并反馈在教学质量方面，为下一项工作做准备。

信息收集系统主要由以下几种人构成：①受教育学生；②教职工；③教学管理层；④督导人员；⑤院系负责人；⑥校外收集信息的工作人员。

信息加工系统主要通过整合、筛选、分类、汇总、编写报告、上交有关部门等流程，将所收集的信息形成有效的质量信息。

信息储存系统。信息储存系统主要有文件、数据库、档案等几种形式。

信息输出（反馈）系统。信息输出主要通过红头文件、召开会议等几种形式进行。

信息技术支撑（平台）系统。信息技术支撑主要有社交软件、新闻媒体等几种方式。

三、高校创新创业教育教学质量的指标评价体系

（一）师资队伍

我国大部分创业创新教师主要分布在一些商学院与管理学院之中，由于国家缺乏必要的政策，以及有效的管理制度，这些教师大多只在其本校范围内进行授课，无法将其知识传播到更为广泛的地方。

为了大力宣传创业创新教育理念，政府召开了一系列创业创新教育会议，鼓励更多教师加入创业创新教育之中。政府开始重视师资队伍的建设，大力支持创业创新教育师资培训，培养了大量创业教育骨干教师，这些骨干教师在全国范围内积极传播创业创新教育思想，为学生们带来了新的思想与知识，同时也促进了高校创业创新教育课程的全面开设。

创业教育对于教师的素质要求十分高，要求教师既要拥有深厚的专业知识理论，同时又要有积极进取的钻研能力，最主要的还要有一定的创业经历。目前，我国高校提升教师水平的方式主要有三种。

①培养并引进高素质人才，建设稳定的创业师资队伍。

②通过各种方式对教师进行师资培训，实现师资队伍成功转化。

③高校采取定期考核的制度，通过考察优胜劣汰，吸收优秀人才。

（二）核心课程

一些学者通过研究，将创业创新课程分为四个类别，即创业意识培训、创业知识传授、创业能力素质培养、创业实践操作。

还有一些学者将其更加细化分解，认为创业创新教育课程应该分成九个类别，包括有关财务方面的课程、有关技术操作的课程、有关创业策略导向的课程、有关创业法律的培训、对一些产业的研究、环境分析课程、个人分析课程、创业实践课程、特殊议题课程。

对于核心课程，我国国内学者一般通过以下几种方式进行衡量，包括：①核心课程的开设情况；②一体化课程的上课时间；③一体化课程的课程数量安排；④对创业知识的讲解程度。

（三）教学方法

在以往的教学过程中，教师是课堂的主体，教材作为辅助，而学生只是被动地学习，并且，教师只将考试成绩作为衡量学生好坏的标准。

新兴的创业创新教育则与其不同，它主要以学生为主，提倡学生投入学习中来，与教师、课程内容相互互动，并且会适当增加一些商业实践活动。

针对创业创新的教育方法主要有以下几种：①邀请企业家前来讲座，分享经验。②指导学生制订创业计划。③前往实践训练基地进行商业模拟训练。④训练学生的交际能力与谈判能力。⑤时常组织学生进行社会调查活动。⑥鼓励学生参与企业工作。⑦带领学生搜集有关案例并做出适当分析。

（四）创业环境

1. 创业教育的软环境

良好的创业教育软环境主要有以下几种：①社会大环境推崇创业活动；②社会对创业失败的宽容度高；③社会鼓励学生创业；④创业活动拥有一定的政策支持；⑤创业团队不断增多；⑥有关创业创新的比赛越来越多；⑦对于创

业的社会认知度提升。

2. 创业教育的硬环境

创业教育的硬环境主要可分为以下几类：①学校提供具有保障的资金经费；②基础设施建设完善；③保障制度建立健全；④创业教育园区的硬件设施完善；⑤创业团队服务队伍的水平高；⑥政府政策支持。

第三节　高校创新创业教育质量监控体系的运行

一、积极构建完善和畅通的教育教学质量的工作机制

（一）高校的创业创新计划

当前我国许多高校的创业创新教育质量工作基本上属于没有目的性的，或者是“为爱发电”，没有统一的管理机制，属于自发行为。

很多高校都是有时间了就组织一下创业创新教育活动，没时间了就将其抛在一边不闻不问；每当有领导前来视察的时候，便将其整合起来应对一下就过去了，这样的创业创新教育又怎么能够好呢？这时候就体现了质量监督的重要性。

（二）质量监控工作要有组织性

目前我国没有专门的部门负责统一监管各高校的创业创新教育工作，大多数都是兼职任职，或者是交叉任职管理。当务之急，是需要选出来一个部门或者机构对高校创业创新教育起牵头作用，毕竟只有拥有“领头羊”才不会迷路，才能少走歪路。

（三）要建设完备的信息反馈制度

高质量的信息反馈是有效得知教育教学质量的重要途径。优秀的质量监督管理体系离不开各方面的反馈信息，只有良好的信息才能够使其分别好坏，进行接下来的工作内容。

信息反馈制度主要有以下四点流程：①收集有关信息；②分析信息情况；③解决问题；④明确发展方向。

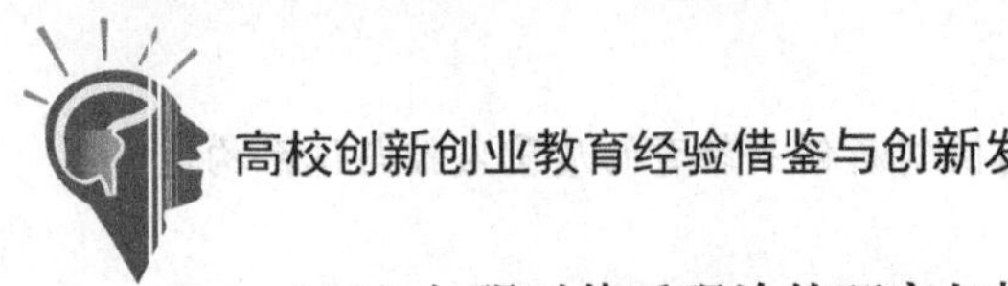

（四）加强对体系理论的研究与探讨

当前我国高校的教育质量监控方式主要还是沿袭了旧有的教育教学质量监控方式，从而导致很多院校的质量监控与评价水平不高，在实际运作过程中也匮乏理念，出现了“断层”的情况。教学质量监控与评价体系的科学构建必须建立在大量、充分的理论论证的基础之上，需要反复论证，认真思考研究。

政府部门应该重点解决高等教育的准入问题，第三方机构应该区分高等教育的不同水平。政府部门不应该过度地参与评估的直接过程，而是通过具有公信力的组织或者协会来对高校进行评估。政府部门对评估组织的结果进行分析和判断，这样可以保障评估的公平、准确、高效。

一些第三方机构还可以协助政府进行质量监督与评价，例如，一些微信公众号会定期对学校进行走访调查，并进行非官方排名，使人们更加直观地了解学校，从而间接促进教育质量的不断提高。

二、加快建设创新创业教育教学质量监控保障机制

（一）在制度设计上要有所创新

高校要通过以下几点，才能完善人才制度的培养，才能够有效提升创业创新教育质量以及水平。具体包括：①将人才培养工作分工明确，同时理清流程；②成立人才培养工作小组；③针对不同人才有不同的培养方案；④对实践基地的详细规章管理制度；⑤对大学生创业园的管理办法；⑥创业创新教育实践基地的工作规章制度；⑦比赛活动的详细方案；⑧有举办创业创新大赛的能力；⑨能够独立自主开发创业创新课程教材；⑩有规范的德育、学分考核制度；⑪有公平公正公开的奖学金、助学金评定方法。

（二）在人才培养保障机制上要进一步创新

只有具备充足的后备资源、完善的保障机制，创业创新教育活动才能够顺利开展，并一直开展下去。

创业创新教育活动需要的资源主要有以下几种：①外部政府制定的政策支持；②优秀的师资队伍；③充足的后备资金链支持。

其中，资金是最为重要的一点。只有拥有充足的教育资金，才能够保障创业创新教育的正常运转，并且能够保障质量监督工作的顺利运行。在基础设备方面，也要保障供应充足，增加仪器设备等方面的投入。

针对以上标准，高校必须要一一做到位，在质量监控体系中逐渐发现自己

的不足，及时制订行之有效的工作计划予以弥补，强化高职院校的创新创业教育质量工作，提高创业创新教育效果。

（三）在激励机制建设上要进一步创新

激励往往能够使人前行，是人不断进步的主要动力来源。因此，高校要重视激励制度，对教师、教研人员进行激励，使其更为努力地投入创业创新教育的工作中，完善创业创新教育质量评价体系。

高校可以通过三种激励方式，激发师生们的动力与热情。具体包括：①物质、利益上的激励；②荣誉授予机制激励；③竞争淘汰机制激励。

对于具有较高贡献度的教职工，除了给予物质上的奖励外，更重要的是给予其精神上的鼓励，鼓励其再接再厉、不骄傲，继续向前奋斗。

参考文献

[1]张卿，王孝胜．大学生创业基础 [M]. 北京：国家行政学院出版社，2018.

[2]谢艳．大学生创新创业思维导论与实践 [M]. 长春：吉林大学出版社，2018.

[3]林晓丹，吕聪玲．基于社会主义核心价值观的大学生创新创业教育指导研究 [M]. 北京：中国铁道出版社，2018.

[4]张钱，李强，詹一览．大学生创新创业教育教程 [M]. 上海：上海交通大学出版社，2017.

[5]谭书敏，张春和．互联网＋大学生创新创业教育概论 [M]. 成都：电子科技大学出版社，2018.

[6]吴亚梅，龚丽萍．大学生创新创业教程 [M]. 重庆：重庆大学出版社，2018.

[7]刘建华，张卫健．大学生创新教育与创业指导 [M]. 北京：科学出版社，2018.

[8]王凯，赵荣，李峰．大学生创新创业理论与实务 [M]. 上海：上海交通大学出版社，2018.

[9]侯力红，姬春林．互联网＋大学生创新创业教育研究 [M]. 北京：科学技术文献出版社，2017.

[10]王玉斌，张丽．全球价值链分工与高校创新创业教育研究 [M]. 成都：四川大学出版社，2018.

[11]谢飞．大学生就业指导与创业教育 [M]. 北京：北京理工大学出版社，2018.

[12]赵翠玲，胡坤，张大权．新媒体环境下创业教育研究 [M]. 北京：北京工业大学出版社，2018.

[13]杨青山．基于“两个融合”的大学生创新创业综合实践基地建设与实践研究 [M]. 桂林：广西师范大学出版社，2017.

[14]蒋雯，张晓芳 . 创新创业实践与能力开发 [M]. 上海：上海财经大学出版社，2017.

[15]马雅红 . 大学生创新创业教育基础与能力训练 [M]. 北京：北京理工大学出版社，2016.

[16]伍祥伦，何东，杨德龙 . 大学生就业指导与创新创业教育 [M]. 北京：科学出版社，2017.

[17]吴金秋 . 中国高校“融入式”创新创业教育 [M]. 哈尔滨：黑龙江人民出版社，2013.

[18]孙凌云 . 大学生就业指导与创新创业教育 [M]. 济南：山东人民出版社，2017.

[19]傅安洲，王林清，易明 . 大学生创新创业教育的理论与实践 [M]. 武汉：中国地质大学出版社，2015.

[20]董海林，杨雷 . 大学生创业实务 [M]. 徐州：中国矿业大学出版社，2017.

[21]胡惟璇，刘伟，陈香莲 . 创新教育与创业基础 [M]. 武汉：华中科技大学出版社，2018.

[22]周长茂，金万成 . 大学生就业指导与创新创业教育 [M]. 北京：化学工业出版社，2016.

[23]杜永红 . 大学生网络创新创业教育 [M]. 北京：北京理工大学出版社，2016.

[24]周成军 . 大学生思想政治教育与创新创业 [M]. 北京：光明日报出版社，2016.

[25]王向阳 . 大学生创新创业教育 [M]. 北京：北京师范大学出版社，2018.

[26]贾强，包有或 . 大学生就业创业指导 [M]. 北京：中国医药科技出版社，2017.

[27]于华龙，杨洪涛 . 创新创业教育基础 [M]. 郑州：河南大学出版社，2018.

[28]林夕宝，吴瑞红 . 大学生创新创业教育教程 [M]. 成都：电子科技大学出版社，2016.

[29]杨冰 . 城市型应用型大学创新创业人才教育教学改革与创新 [M]. 北京：知识产权出版社，2018.

[30]葛海燕 . 新时期大学生就业创业教育研究 [M]. 北京：海洋出版社，2014.

[31]袁畅，廖江涛，周姗．大学生创新创业教育[M]. 北京：高等教育出版社，2018.

[32]黄昕，王江生，姚茂华．民族地区大学生创新创业教育实务[M]. 成都：西南交通大学出版社，2016.

[33]党建民，李博．大学生创业教育[M]. 徐州：中国矿业大学出版社，2017.

[34]秦波．大学生创新创业导引[M]. 天津：天津科学技术出版社，2018.

[35]卿臻，罗兰芬．大学生创新创业教育[M]. 北京：国家行政学院出版社，2018.

[36]赵金华．基于科技创新的理工院校创业教育理论研究与实践[M]. 合肥：合肥工业大学出版社，2014.

[37]刘猛．大学生就业与创业指导[M]. 北京：中央民族大学出版社，2011.

[38]赵璐，王皓．高校辅导员指导大学生创新创业模式研究[J]. 管理观察，2018（35）：114-115.

[39]崔仲远，陈永光．国内外高校创新创业教育经验分析及其启示[J]. 齐齐哈尔师范高等专科学校学报，2018（02）：20-22.

[40]王映朝．创业动机在创业者创新能力提升中的应用[J]. 江苏商论，2018（12）：123-124.

[41]李明倩．协同创新视角下大学生个性化创新创业人才培养的实践探索[J]. 传播力研究，2018（36）：168-169.

[42]黄丽鹃，文超．民办高校创新创业教育国内外经验借鉴研究[J]. 企业科技与发展，2018（10）：266-267.

[43]章利华，刘涛，黄思杰．推进校办产业系统协同对接高校创新创业[J]. 中国高等教育，2018（24）：34-36.

[44]刘学春，徐红玉．发达国家创新、创业教育的经验及其启示[J]. 湖北成人教育学院学报，2018（06）：59-63.

[45]马吉霞．浅析创新创业教育在职业院校人才培养中的重要性[J]. 现代农村科技，2018（12）：74.

[46]李瑜．民办高校创新创业教育师资建设研究[J]. 企业科技与发展，2018（03）：96-97.

